東田くん、どう思う？

自閉症者と精神科医の往復書簡

東田直樹　山登敬之

角川文庫
21437

はじめに

山登敬之

この本にまとめられた東田直樹さんと私の往復書簡は、二〇一三年四月から二〇一五年八月まで雑誌『ビッグイシュー日本版』に掲載されました。ホームレスの自立を支援する「ビッグイシュー日本」が発行するこの雑誌は、書店では売っていません。路上に寝起きする人たちが街角で手売りしています。表紙の下の方には、毎号「三五〇円のうち一八〇円が販売者の収入になります」と書いてあります。

二〇一三年三月に、東田さんは同誌の連載コラム「自閉症の僕が生きていく風景」を終えましたが、その後すぐに続編が企画されました。その段階では、精神科医である私の質問に東田さんが答える一問一答形式が発案されたのですが、ふつうの手紙にした方が話題が広がってよいのでは？　という話になり、二人の往復書簡が始まりました。

文中、東田さんは私を「先生」と呼び、私は「東田くん」と親しげに呼びかけているので、読む人は二人を旧知の仲、あるいは患者と医者の間柄と思われるかもしれませんが、そうではありません。連載が始まるまで、私は作家・東田直樹の一ファンに過ぎませんでした。東田さんの講演を聴きに行ったり、母君の美紀さんを通して専門誌に原稿を依頼したりといったことはありましたが、ご本人と面識はなかったのです。ですから、東田さんの相方に選ばれたのは、私としてはたいへん光栄かつ幸運なことでした。このたびの文庫化に際し、あらためて東田直樹さんと美紀さん、『ビッグイシュー』編集部のみなさんに感謝いたします。それから、今回の編集の労を執ってくださった安田沙絵さんにも厚く御礼申し上げます。どうもありがとうございました。

二週に一度の連載は、毎回打ち合わせなしで行われました。私は、メールで送られてくる東田さんの便りを読み、返事を書きました。一通一通、文字通りの「文通」でした。ページを開いていただくとわかりますが、十回ごとに攻守が入れ替わっています。最初の十回は私の便りに東田さんが返事を書き、次の十回は順番を入れ替えて……というふうにやりとりを繰り返し、全部で五十七往復しました。

連載当初からしばらく、私の文章には東田さんの便りからの引用が多く見られますが、あらためて読み返すと、必要以上に多い気がしなくもありません。おそらく、私はかなり慎重になっていたのでしょう。東田さんの言わんとすることを自分が理解できているか、私の言葉は東田さんにまっすぐ届いているか、いちいち確認したかったのかもしれません。

東田さんは、自閉症の当事者ですし、世間的にみれば障害者にあたります。かたや私は、精神科を開業する医者であり、何不自由なく生活している一般人です。医学的には「社会的コミュニケーション」や「対人的な相互反応」に問題があるとされる自閉症の人と、本当に気持ちが通い合うか、相手におもねることなく対等な関係をつくることができるか。そんな心配から、東田さんだけでなく、見えない読者にも気を遣っていたように思います。

けれども、それも杞憂に終わりました。便りを何度も交わすうちに、私は自分の受け答えがさほど的を外れていないとわかり安心しました。それだけでなく、東田さんとはけっこう意見が合うとも感じました。とくに、「障害」に対する考え方や「自分」との距離の取り方には共感するところが多く、おおいに励まされたものです。いっぽうで、私が「原始の感覚」と呼ぶ認知の仕方には驚かされるとともに、一種の憧れを覚えました。また、障害を持つ当事者が感じている「できない」側、「違う」側に置かれることの悔しさ、無念さは、想像以上に大きいものであることを知りました。

連載が始まって二年目の夏に、東田さんが十代のときに書いた『自閉症の僕が跳びはねる理由』が英訳され、英国や米国でベストセラーになりました。いまでは世界の三十ちかい国々で出版されていると聞きます。この本をもとに作られたＮＨＫの番組『君が僕の息子について教えてくれたこと』は、同年度の文化庁芸術祭テレビ・ドキュメンタリー部門で大賞を受賞しました。そんな世界的作家を相手に、「東田くん、どう思う？」みたいな軽いノリで書き続けるのも気が引けましたが、ええい、文は人なり！　と最後まで同じ調子で通しました。

ところで、本文中に何度も出てくる「発達マイノリティ」という言葉、私の専売特許みたいに書いていますが、実は私より先に使っていた精神科医がいました。後から知ったことですが、不勉強でどうもすみません。はじめにお詫びしておきます。

CONTENTS

III 純粋さ、うしろめたさ、嘘、そして夢 95

イラストレーション 早川世詩男
本文デザイン アルビレオ

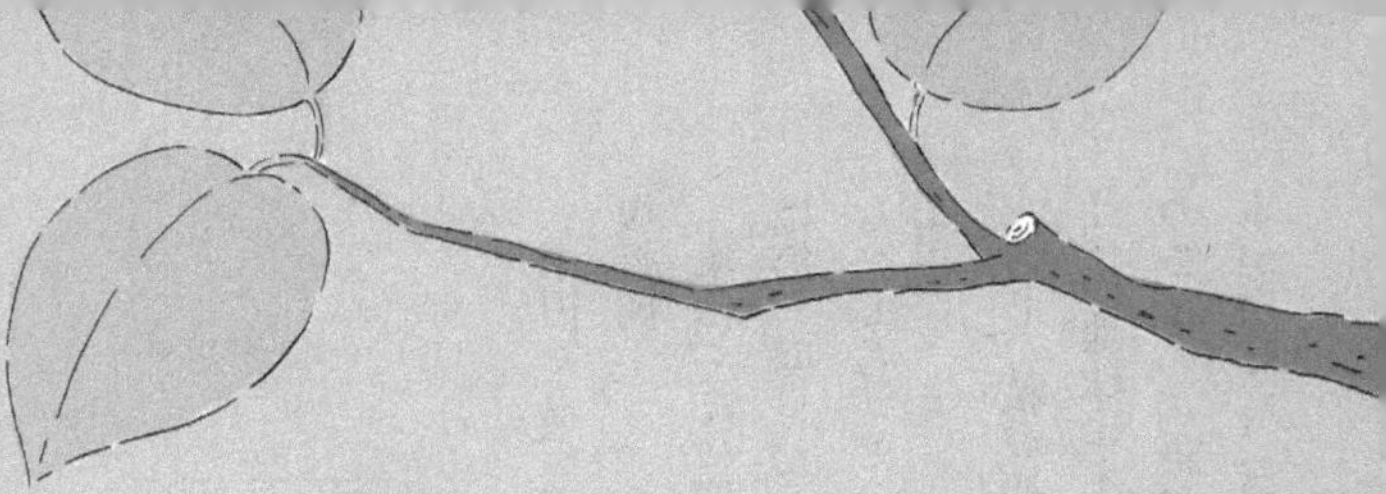

原始の感覚、未来につながらない記憶

二〇一三年四月～八月

山登敬之↓東田直樹

何より東田くんの「文才」に驚いた

東田くん、こんにちは。ついに、新連載スタート！　しかも東田直樹とヤマトの往復書簡！　ってことで、私はかなりワクワクしています。

東田くんに聞いてみたいことや一緒に話したいことがたくさんあるんだけど、今回は第一回目だから、自己紹介をかねて私と東田直樹の出会いについて書いてみます。なにしろ、ビッグイシュー誌上では、東田くんはすでに有名だけど私は無名ですからね。

さて、私が初めて東田くんを知ったのは、東田直樹と東田美紀（お母さん）の共著、『この地球（ほし）にすんでいる僕の仲間たちへ』（エスコアール・二〇〇五年刊）を読んだ時のこと。言語聴覚士の中川信子先生に教えてもらって、すぐにネットで注文しました。本が出て二、三年経った頃かもしれません。

この本には付録にＤＶＤが付いていて、そこには十二歳の東田くんが映っています。本を読んで、ＤＶＤを観て、私は「この子はホンモノだ！」と思いました。ホンモノの自閉症、なんて言ったら失礼だけど、でも、映像の中の東田くんは、私が診察室で会った自閉症の子たちと全然変わらなかったからね。

当時はもう、「自閉症スペクトラム」という考え方や、「高機能自閉症」というタイプの自閉症があることなども、一般に知られるようになっていたのですが、私は古い教育を受けた精神科医なので、そういう世の中の流れにちょっと抵抗を感じていました。それで、ＤＶＤを観て「この子はホンモノ！」って思っちゃったんだな。

同時に、東田くんの書く文章に驚きました。こっちもホンモノだったから。言語的にも非言語的にもコミュニケーションが難しい自閉症の小学生が、こんなにしっかりした文章を書くというギャップには誰もが驚くと思います。だけど、私は何より東田くんの「文才」に驚いたのでした。

山登先生、こんにちは。僕もこの連載を楽しみにしています。気持ちがワクワクというより、僕の場合はウキウキという感じです。

本を読んでくださり、ありがとうございます。

振り返ってみると、十二歳だった頃の僕は子どもでした。二十歳の今でも、山登先生から見れば、僕は十分子どもなのではないでしょうか。あいかわらず僕の言動は、幼児と変わりありません。

『この地球にすんでいる僕の仲間たちへ』を書こうと思ったきっかけは、僕と同じような生きづらさについて出版された本がなかったからです。専門書も自閉症者を観察し考察したものばかりで僕には納得できない内容のものが多かったのを覚えています。

自閉症とひと口にいっても、さまざまな人がいると思います。その中で、山登先生が僕のことをホンモノだと感じてくださったのは、典型的な重度の自閉症者である僕が、内面を自分の言葉で語ったからなのですね。

僕自身は小さい頃、自分が自閉症だという自覚はありませんでした。みんなのように話せないことで悩んではいましたが、人と違うと言われても、何が違うのかわからなかったのです。

初めて映像で自分の姿を見た時には、驚きました。そこには、僕が想像していなかった姿が、映し出されていました。自分が映っているにもかかわらず、どうしてあんなことをするのだろうと、僕も思ったものです。それは、普通の人が自閉症者を見て、奇妙だと感じる感覚と似ているのではないでしょうか。

僕の問題行動は、自分がしたくてやるというより、脳の命令に従ってやってしまうように思います。奇声もこだわり行動もパニックも、自分の力では止めることができません。それなのに、自分が望んでしている行動だと責められ続けることに、僕は矛盾を感じたのです。

作家、東田直樹に自閉症の常識をひっくり返された

東田くん、こんにちは。お返事ありがとう。実は、第一便を出した後、心配していたことがありました。私の書いた「ホンモノの自閉症」って言葉が、東田くんに嫌な思いをさせなかったか、読者に誤解を与えなかったか、ってね。でも、東田くんが気を悪くしなかったようなので、とりあえずホッとしました。

あれは、私が初めて東田くんをＤＶＤで観た時の、精神科医としての第一印象を率直に書いたものでした。東田くんが言うように、映像で見るかぎり、「典型的な重度の自閉症」に見えたのです。

その何年か後に、東大の駒場キャンパスで開かれた講演会に行った時には、よりいっそうホンモノ感を強くしました。なにしろライブだからね。講師の東田くんが、両耳にイヤホンをつけて、手をブンブン振りながら行ったり来たりしてるのを目の当たり

にして、「うわー、これはホンモノだ！」って。

ここで、また気を悪くしないでもらいたいんだけど、東田くんの文章は、およそ自閉症の人が書いたものとは思えなかった。だから、実物の東田くんを見て驚いた。これだけ「典型的な重度の自閉症」の人が、どうしてこんなにちゃんとした文章を書けるんだろう……。

でも、考えてみると、これは私の知識と経験に基づく自閉症観が間違いだったということなんです。コミュニケーションが不自由で、外からは自分の世界にこもりきりに見えると、その人には重度の知能障害があるように思ってしまうんだな、われわれは。そういう人相手には知能検査もできないし、できたとしても一部の結果を除いて全体では低い数値が出るでしょう、きっと。すると、その人は知能が低いことになってしまうし、社会的にもそういうあつかいを受けることになる。

ところが、そうじゃなかったんだ。「こんなに知性的で情緒にあふれた文章を書ける人が、知能が低いなんてことはありえない！」。東田直樹という作家を知り、自閉症についても知能についても、私はこれまでの常識を見事にひっくり返されたのです。

今も僕は、講演開始までイヤホンでJポップを聴きながら、会場を歩き回っています。手のブンブンは、少し小振りになり、指揮者のように音楽に合わせて上下に動かすようになりました。

好きな曲を聴いていれば、音楽の中に気持ちを置くことができます。安心するというより、心の居場所が見つかるのです。

また、初めての会場では、見通しがつかないことが多いので、歩き回ることで、自分も仕事をしている気分になれます。

そんな僕ですが、二〇一三年三月の新宿での講演会の時には、風に揺れる木々をながめながら、一時間くらい控室でじっと待つことができました。その日は、強い風が吹いていました。いつもは真っ直ぐに立っている木々が、やわらかく踊るように動いているのが、僕には不思議でなりませんでした。まるで木が動物のように見えたのです。

話せない自閉症者は、誤解されていると思います。

重度の自閉症者の中にも、内面を表現できないだけで、いろいろなことを考えている人がいるのではないかと、山登先生が考えてくださったのは非常にうれしいことです。なぜなら、自分の力だけではどうしようもできない人たちの味方になってくれる人が増えれば、新たな可能性が見つかるかもしれないからです。

僕は、言葉で自分の気持ちを伝えられるようになりました。

質問に対し、文字盤を指しながら答える姿を見て、会場が静まりかえります。

その時の僕の言葉は、決して流暢(りゅうちょう)ではありませんが、みなさんは一所懸命に聞き取ろうとしてくださいます。僕は、それがうれしいのです。

ただ話すだけなのに、気持ちを奮い起こさなければいけない人がいることを、多くの人に知ってもらいたいと願っています。

成長とともに失ってしまう原始の感覚を、僕は持ち続けている

東田くん、こんにちは。二番目の便りも楽しく読みました。東田くんの返事の一通一通に、私の想像をかきたてるたくさんの話題がつめこまれていて、とてもフォローしきれない感じです。

一通目の手紙で、東田くんは、自分は子どもに見えるでしょうと書いていましたね。私は今五十五歳なので、東田くんが自閉症であろうとなかろうと、二十歳前後の小僧はみんな子どもさ！ なんて思いました。でも、その後で、ちょっと待てよ、と。

私のいう「子ども」は、社会経験に乏しい若い人ぐらいの意味ですが、東田くんは「あいかわらず僕の言動は、幼児と変わりありません」と書いていました。確かに、東田くんは自閉症というハンディがあるので会話ができないし、はたから見ると自由奔放に振る舞っているから、二歳ぐらいの子どものように見えるかもしれない。

これは東田くんを子ども扱いしているということではないので、気を悪くしないでください。むしろ、東田くんが二歳の幼児に見えることが、私には奇跡のように思えるのです。なぜなら、人間は年齢を重ねるうちに、誰もがいやおうなく育ってしまうからです。

東田くんは、見かけが幼児に見えるというだけではなく、心の内にも幼児のまま残された部分をもっています。二通目の手紙に記されていた、風に揺れる木を眺めて飽きない感覚。その様子が、まるで動物のようだと東田くんは感動する。

幼い子どもは、誰もがこういう感覚をもっているのだと思います。しかし、成長するにつれて、ほとんどの人がそれを失ってしまう。なのに、東田くんは二十歳を過ぎてもなお、それを失っていない。

東田くんのなかの、まるで自然保護区のように残された原始の感覚に、私は思いをはせます。そして、自分のなかにその痕跡（こんせき）を探そうとします。深い井戸の底を覗（のぞ）き込むようにして。

22

成長とともに失ってしまう原始の感覚を、僕は持ち続けている

なぜ、みんなが興味のないものに僕が惹かれるのか、わかったような気がします。

成長とともに人が失ってしまう感覚を、僕がもち続けているのだとしたら、全部が問題行動だとは言えないのかもしれません。

僕にとっては、まるで、満員電車に押し込められた時のように、ここで生きること自体がきゅうくつなのです。

原始の感覚というものは、すでに必要がなくなったから、人は捨ててしまったのでしょうか。それとも、どこかに忘れているだけなのでしょうか。

僕は、自閉症者がもっている感覚が、すべておかしなものだとは考えていません。普通といわれる人たちとは違っているかもしれませんが、これが僕たちの個性なのです。

どうして人は、他人と比較するのでしょう。僕自身もそのために生きづらさを感じています。誰でも、あるがままの自分を受け入れることができれば、もっと幸せに生きられるはずです。

大人になるということが、自分で何でもやれることだとしたら、僕は永遠に子どものままでしょう。けれども、実際はみんなと同じように、年をとっているのです。

人は、年齢を重ねるにつれて成熟していくのだと思います。人とのかかわり合いの中で、自分が何者かを知るからです。山登先生がおっしゃるように、誰もがいやおうなく育ってしまいます。それは周囲が年齢に合った対応をするためだという気がします。

もしも周りが赤ちゃん扱いし続ければ、その人が大人になる日は、ずっと来ないでしょう。

知的障害者の人も、立派な大人になっています。何ができるかということばかりに注目する人も多いですが、人間の価値はそれだけではないと、僕は信じています。

どんな人の中にも「奇跡」はあると思いたいのです。

自然と一体化する感性が僕を生かしてくれる

東田くん、こんにちは。前回の手紙で話題にあげた東田くんの「原始の感覚」について、またちょっと考えてみました。

植物も動物も、風も波も陽の光も、あらゆる自然の躍動に敏感に反応し、時に一体化する感覚。みんなは捨ててしまったの？　それとも、忘れているだけ？　と東田くんは問いかけていましたね。使わないから退化してなくなっちゃったのか、ただ忘れているだけで身体の奥底には残っているのか、どっちなんだろう。

人間が成長するということは、社会によって文明化されることだから、少なからず自然から遠のいていく。その過程で、「原始の感覚」は薄れていってしまうのでしょう。特に、都会に暮らす人たちにおいては。

これが、農業、林業、漁業など自然を相手に仕事している人たちだと、少しは事情が違うでしょうね。さらに、世界を見渡せば、自然の中で原始に近い生活をしている民族もあるわけだから、そういう人たちにとっては、むしろあって当たり前の感覚かもしれません。

それでは、東田くんの場合、なぜ大人になってもこの感覚が残っているのか。私が思うに、それは言葉の発達と関係があるのではないか、と。

言葉は、単に情報や気持ちを人に伝えるためだけでなく、周囲の世界や自分自身を理解するための働きももっています。子どもは、言葉を覚える過程で、目に見える事物を、たとえば、犬は犬、猫は猫、人は人と区別していきます。あるいは、昨日は昨日、今日は今日、明日（あした）は明日と時間を区切りながら、自分の身に起こったことを整理していきます。この作業は、言葉を道具にしないと、たぶんうまくいかないはずです。

東田くんは、自閉症が原因で言葉の発達が滞ってしまったために、このプロセスがうまいこと進まずに大人になった。なので、いまも世界が混沌（こんとん）のまま、自然のままに感じられるのではないか……。これが私の仮説なんですが、東田くんはどう思うかな？

とても、おもしろいですね。

言葉の発達の遅れが「原始の感覚」に結びついているのではないかということをお聞きしましたが、僕は少し違う考えをもっています。

僕は、言葉がわからないわけではありません。言葉を表出する段階でつまずいているのです。聞こえているにもかかわらず、話せない。重い知的障害がある自閉症者は言葉を理解しているように見えないというのが、現在の常識なのだと思います。

僕たちが「原始の感覚」をもっているのは「記憶」と関係があるからではないでしょうか。

これまでどのように生きてきたのか、数々の場面が思い出の中に刻み込まれています。

僕は、自分が時間軸の中で、どの位置にいるのかわからないために、その場面を思い返せても、時系列に並べることができないのです。誰でも過去の記憶はあいまいだ、と言われるでしょう。しかし、僕の場合は、幼稚園時代の記憶も昨日の記憶も一緒なのです。記憶の中に自分自身の姿が現れないせいかもしれません。

僕は小学生の時「カパッと」「スパッと」というこだわりの言葉を繰り返し叫んでは、同じ言葉を同級生に言ってもらっていたことがあります。そんなことをしていたのは、十年くらい前の出来事にもかかわらず、いまだに楽しそうに歩いている小学生を見ると、僕は近づいて、この言葉を言いたくなります。それは過去のことだったと、自分を抑えられるようになりましたが、以前はなぜ、小学生に声をかけてはいけないのかわかりませんでした。

僕にとっては、今がすべてなのです。

星のまたたきを見て、太陽の輝きを見て、時の流れを実感します。経験によって積み重ねるべき知識や理性は、役に立たないのです。僕を生かしてくれているものは、わき起こるような衝動と、自然と一体化したような感性ではないかと思います。

文明社会に僕たちの居場所はないのでしょうか。

東田くん、「原始の感覚」に続いて、記憶、時間感覚と、これまた難しい問題が出てきましたね。いずれも、自閉症を理解するにあたって考えておくべき重要なテーマです。

でも、その前に、もう少し言葉の問題に触れておきたいんですけど、いいですか？　東田くんが、言葉を理解しているのに、それを「表出する段階でつまずいている」のはどうしてか。

言葉を会話に使えるためには、ざっと考えただけでも、以下のような能力が必要です。①耳から聞いた言葉の意味がわかる、②頭の中に言いたい言葉を思い浮かべる、③場面に合わせて言葉を選ぶ、④言葉を声にして出す。

東田くんが、理路整然とした文章を書くにもかかわらず、言葉を発する段階でつまずくのは、たぶん、③と④のプロセスがうまくいってないからではないでしょうか。それから、東田くんが著書に書いていた話によると、講演や対談などでは、文字盤を指さして言いたい言葉が降りてくるのを待つみたいだから、②の作業にも時間がかかっているのかもしれませんね。

もうひとつ、他人と円滑に会話をするには、言葉以外のコミュニケーション能力も問われます。ところが、自閉症では、この力もうまく育たない。

ここで話をわかりやすくするために、ろうの人たちを対照に考えてみましょう。彼らは、人の話す言葉が聞こえないし、自分からも言葉を発せない。だけど、手話や筆談で会話をすることが可能です。そして、私たちから見ると、たとえ初めての相手だとしても「ああ、この人はこっちの言ってることがわかってるな、聞こえないだけなんだな、声が出せないだけなんだな」ということがすぐわかる。だから、声を出して言葉をやりとりしなくても、話が通じるのです。

ところが、自閉症の人が相手だと、これが難しい。つまり、わかっているのかいないのか、外から見てもよくわからない。ここが自閉症の苦しいところだと思います。

いくら否定されても、
自分を肯定できれば
苦しさから逃れられる

30

ろうの人たちの場合、障害のために、気持ちや考えを話せないと判断されます。しかし、自閉症者は、話せなければ知的にも重い障害があると見られてしまうのです。僕たちがわかっているということさえ、表情や態度で表すことができないからでしょう。

現在の診断そのものが、自閉症ではない人たちの常識を基準にしています。

自閉症の原因やメカニズムは、まだ解明されていません。会話できる自閉症者とできない自閉症者も、同じ障害のくくりに入れられています。それは、本当に間違っていないのでしょうか。今の療育や治療で、自閉症者は幸せになっているのでしょうか。

言葉の理解というのは、言葉を表出することや行動とは切り離して考えるべきだと思っています。

なぜなら、これまでの研究は、普通といわれる人たちを分析したものであり、話せない自閉症者の脳の仕組みが、それでわかるとは考えられないからです。

自閉症者は困っています。自分の思いや考えを、うまく人に伝えられないという理由のせいだけではありません。他の人とは違うと、僕たちのすべてを否定されるためです。

小さい頃、僕はみんなのようになりたくてしかたありませんでした。けれども、大人になるにしたがい、その思いは薄れてきました。どんなに努力しても、普通にはなれないことがわかったからです。

自閉症のまま生き続けなければならない。そう気づいた時、僕の心に残ったのは、絶望ではありません。

僕は、自分のことが好きだったのです。

僕にとっては、自閉症の自分が僕なのです。

いくら周りから否定されても、自分を肯定する力があれば、苦しさから逃れられます。

東田くん、ここらでそろそろ、発達障害（自閉症含む）に対する私の考え方を書いておくことにします。

これまでも、東田くんから、従来の自閉症の考え方について、いくつか疑問が投げかけられました。それは、医学的診断や世間の見方に関することでしたが、たとえば、東田くんは、前の手紙でこう書いていました。「現在の診断そのものが、自閉症ではない人たちの常識を基準にしています」

これは、もう本当にそのとおりですね。しかし、精神科の診断というものは、世間の「常識を基準に」つくられているので、ある意味しかたがないのです。

精神科の医者が病気を疑うのは、おおざっぱにいうと、次のような時です。身体に不調があるのに、悪いところがどこも見つからない。あるいは、ふだんと違う奇妙な言動が見られる。つまり、心身に「常識」では理解できない異変が見られた時に、これは病気かな？　と考えるわけです。

どうしてこういうことになるかというと、心の病気は身体の病気と違って、どこに病変があるか、どこがふだんと違うことになってるのか、よくわからないからです。「まあ、たぶん脳だよね……」ということになってはいるけど、どこがどうなっているか、どの病気についても、まだほとんどわかっていません。ついでにいえば、診断にズバリ決定力をもつ検査もありません。

それで、自閉症の場合も、特徴的な行動を数え上げて、これだけの特徴が揃っていたら「自閉症」と呼びましょうと医者が決めたわけ。最初に決めたのは、レオ・カナーという米国の精神科医で、それは一九四三年のことでした。

でも、ここで疑問が生じる。自閉症の「特徴」とは、自閉症ではない人たちとの「違い」にすぎないのではないか。ふだんと違うならたしかに病気かもしれないけど、その他大勢と違うからって病気や障害にしていいのか。

東田くんもたぶんそう思うでしょう。実は私もそう思っているのです。

障害を欠点ととらえず、個性だと考える人が増えてほしい

山登先生のおっしゃることは、僕にもわかります。

みんなが当たり前にやっていることができないせいで、自閉症者が障害者と呼ばれてしまうのは、しかたないことだと考えています。

他の障害者の場合、目の見えない人には白い杖が、耳の聞こえない人には手話が、歩けない人には車椅子が必要だと判断されます。その人が社会生活を送る上で、不自由のないようにするという配慮からです。

では、知的障害者の場合はどうでしょう。理解できる言葉づかいで話したり、能力に合った仕事をお願いしたりして、その人らしい生き方ができるように援助することだと思います。

しかし、自閉症という障害は、援助の方法自体、確立されていません。山登先生が

言われた通り、自閉症は病気や事故が原因で発症するものではなく、他の人との違いによって診断されてしまいます。

自閉症だからといって、自分のことを否定する必要もないのです。人と違うことを恥ずかしいと感じる人も多いようですが、それはみんなと同じがいいのだと考える世の中の風潮があるからではないでしょうか。

自閉症が個性なら、マニュアルが通用しないのも当たり前です。自閉症者への対応として、さまざまな方法が提案されていますが、すべての自閉症者に合うものなど存在するはずはありません。子育てにマニュアルが通用しないのと同じだと、僕は思います。

自閉症だから、生きづらいのでしょうか。

社会に余裕がなくなっているのも、僕たちが障害者に区分される理由の一つだと感じます。自閉症という個性をもった一人の人間が僕なのです。個性は、伸ばすためのものです。障害を欠点とはとらえず、個性だと考えてくれる人が増えることで、僕たちはもっと暮らしやすくなります。

みんな違っていい、そう思える社会の実現が、僕の願いの一つです。

前回の東田くんの返信で、私の言いたかったことを先に言われてしまいました。すなわち、「みんな違っていいのです」と。

発達障害には、自閉症のほかに、ＡＤＨＤ（注意欠如多動性障害）、学習障害、知的障害などがありますが、これらに共通するのは、「上手に○○ができない」ということです。子どもでも大人でも、その人の年齢ならできてしかるべきことが上手にできない。

自閉症の子どもを例にあげれば、上手に会話ができない、上手に友達がつくれない、上手に遊べない、など。これは、それぞれ、自閉症の特徴であるコミュニケーションの障害、社会性の障害、想像力の障害に相当します。

これがＡＤＨＤだと、上手に話を聞けない、じっとしていられない、学習障害だと、上手に読めないとか、書けないとか、計算ができないとかになります。障害の特徴に応じて、それぞれできないことが違うわけです。

ここで、いちいち「上手に」とつけているのは、なんでも「上手に」できる必要はないし、その人なりにできるようになればいいじゃない、と言いたいからです。つまり、発達障害といわれるけど、みんな発達するんだよ、と。

そう考えると、「障害」という呼び名は、やっぱり不適当だと思います。この「害」の字がよくないってことで、さまたげるという意味の「碍」に換えたり、「がい」とひらがなにしたりする表記もあります。ほかにも、「障害」をやめて「非定型発達」と呼ぼうとか、「発達凸凹」じゃどうかとかいう提案もある。でも、「非」や「凸凹」っていう字が入るのは、あまり感心しません。

そこで、私は勝手に「発達マイノリティ」という名称を考えました。これは「セクシャル・マイノリティ」にヒントを得たものですが、要するに少数派ってこと。できるできないの差じゃなくて、多いか少ないかの差にしちゃえば、いまの「発達障害」に対する考え方や援助のしかたも、だいぶ変わるんじゃないかと思うんだけど、どうでしょう?

「発達マイノリティ」という名称は、いいですね。少数派という表現であれば、みんなが納得してくれそうな気がします。

けれども、当事者である僕自身は、あまり表記にはこだわっていません。時代によって表記が変わることで、一般の人には、余計わかりづらくなっているのではないかと心配だからです。また、表記を変更するには膨大な労力が必要になります。その労力は別のことに使った方がいいと考えているからです。

社会が「みんな違って、みんないい」と言ってくれるようになれば、発達障害の人たちは幸せに生きられるのでしょうか。

僕は、そうとも限らないと思っています。

発達障害者への理解が進めば、僕たちも社会の一員として生きていきたいと強く望むでしょう。しかし、違いを認めてくれたとしても、みんなのようにできない人たちが、社会の中で自立して生きることは、まだまだ難しいのが現状です。

障害者が生きていくためには「みんな違っていいのです」の後に「どうか、困っている人たちに力を貸してください」という言葉を、つけ加えてもらわなければなりません。

僕たちもこの社会の中で、居場所をつくらなければいけないのです。それは、働くことであり、みんなの仲間だと認めてもらうことです。

障害をもって生まれたのは、本人が望んだことではありません。しかし、どのような人生を送りたいかは、その人の意見を尊重してもらいたいのです。もちろん、本人にも努力は必要です。

応援するには、多くの人たちの手助けがいると思います。支援が必要な人に適切な支援を届けられるのが、立派な社会に違いありません。

発達障害に対する考え方や援助のしかたが変われば、障害も個性の一つだと胸を張って生きていく人が、今よりもっと増えるのではないでしょうか。

東田くん、こんにちは。私の考えた「発達マイノリティ」という名称、気に入ってもらえたみたいでうれしいです。東田くんのお墨付きをもらえたので、これからあちこちで提唱してみようと思います。

この「障害」の呼称問題について、東田くんは、あまりこだわってないと書いてましたね。名前を変えると、余計わかりにくくなったり混乱を招いたりするかもしれないし、それに膨大な労力を使うぐらいなら、もっと別のことに使った方がいい、と。

それもまたもっともな話です。当事者側にも、きっといろいろな意見をもった人がいるでしょう。でも、実際のところ、病名というものはなかなか重要で、それによって病気のイメージが左右されたり、偏見を生むもとになったりすることがあります。よい例が「統合失調症」です。この病気の古い名前は「精神分裂病」といいましたが、これがやっぱり評判が悪くて、患者さんや家族から名前を変えてほしいと声があがりました。そこで、日本精神神経学会が議論と検討を重ね、患者さんたちの意見も聞いて、この新しい病名に変更することを決めたのです。二〇〇二年のことでした。この病名変更の作業には、およそ十年の歳月がかかっています。さらに十年以上がたって、世間にもすっかり定着した感じです。ここまで、まさに「膨大な労力」を要したわけですが、それに見合う結果になったと思います。

そして、発達障害の分野でも病名が変わろうとしています。「DSM」という米国精神医学会が発行している病気の診断、分類のためのマニュアルがありますが、これがひさしぶりに改訂されて、二〇一三年の五月に第五版が出ました。「DSM—5」です。

この改訂版が日本語に翻訳されたおかげで、たくさんの病気の名称が変わったり生まれたりしました。このDSMシリーズは、日本の精神科領域にもかなり影響力をもっているので、今後、言葉だけでなく、「障害」についての考え方にも変化が出てくることが予想されます。

みんなと区別される自分を、どんな時も忘れたことはない

障害の呼称問題は、大事なことなのですね。名前だけでなく、自閉症のイメージが、これから少しでもよい方向に変わるよう、僕も努力したいです。

自閉症の僕が、普通の人たちの中で違和感を抱くのは、なぜでしょう。

それは、他の人ができることができないせいだと、ずっと思っていました。僕は小さい頃から、障害者であるために病院に行ったり、療育手帳をもらったりしなければなりませんでした。そのおかげで、さまざまな支援を受けられたことには感謝しています。

けれども同時に、みんなと区別されなければいけない自分というものを、僕はどんな時も忘れたことはありませんでした。

特に小学校卒業までは、つらかったです。どうにかしなければいけない子どもだっ

た僕は、いつもみんなの中で浮いた存在でした。何かしらの配慮が必要というより、外国から来たお客さまのような扱いでした。

発達が遅れているし、同級生とは少し違うのだから、障害のある子どもが学校やクラスを分けられるのは、しかたないと多くの人は考えているでしょう。

しかし、そう思っているのは大人だけで、はっきりとした理由も聞かされないまま、特別な環境の中で授業を受けている子どももいます。

「専門的な教育が必要だから」「子どもが傷つかないため」「みんなに迷惑がかかるので」

いろいろな理由をつけられながら、中学、高校だけでなく、卒業後も障害者として用意された人生を歩み続ける人がほとんどです。こう書くと、働けないのだから生活できるだけでも十分だと思わなければいけないと叱られるかもしれません。

障害者は本当に仕事ができない人たちなのか、最初から決めつけ過ぎてはいないでしょうか。人の可能性は、挑戦することから始まると、僕は信じています。

今後、障害についての考え方も変わってくるというお話ですが、僕たちにとって、未来への希望がもてる内容であってほしいと願っています。

東田くん、そういえば記憶の話が途中になっていたので、今回はそこに戻りましょう。

東田くんは、四回目の手紙に「自分が時間軸の中で、どの位置にいるのかわからないために、その場面を思い返せても、時系列に並べることができない」と書いていました。これまでの著書の中にも、同様の記述を見つけることができます。

これはよくあるたとえですが、過去の記憶が一枚一枚の写真で、それらがしまわれている場所が事務机の引き出しだとしましょう。自閉症の人の引き出しは、座った時におなかの前にくる底の浅くて広いやつで、そこに写真が整理されることなく、ダーッと一面に広がって入っている。

一方、私たちその他大勢の引き出しは、横の下の方にある底の深い大きな引き出し。

写真は年代ごとにファイルに細かく分けられて、それぞれのファイルは古い順に奥から並んで立ててある。

私たちは、昔のことを思い出そうとする時、この大きな引き出しを開けて、ファイルを探し出し、さらにそこから写真を探し出し……というふうにやっているのだと思います。思い出したくないことは、わざわざ探さなければいいのだから、しまったままにしておけばいい。

ところが、東田くんは、そうじゃないわけですね。「幼稚園時代の記憶も昨日の記憶も同じ」というのだから、おなかの前の大きな引き出しに、幼稚園の時の写真と昨日の写真が並べて広げてある感じなのでは？　そして、そのすぐ隣に見るつもりのないイヤな写真があったりすると、それが目に飛び込んできて、ひどくつらい思いをする。

一般に、古い写真は色あせて、あるいは本人にいいように修正されて、引き出しの奥にしまわれているものですが、東田くんの場合は、どんな写真も色あせることなく、互いに重なり合いながら保存されているのではないでしょうか。

僕の記憶は、当てられない神経衰弱ゲームのようだった

記憶の話には、僕も関心があります。

山登先生のたとえは、的を射ているのではないでしょうか。

自閉症というと、コミュニケーションがうまくとれないことや、社会性のない行動ばかりが問題視されますが、僕は自閉症者の生きづらさの原因は、特有の記憶にあるのではないかと思っています。

僕が記憶の違いを意識し始めたのは、十歳くらいの時だったような気がします。その頃は、普通学級に在籍していました。

両親が僕の意思を尊重してくれ、母の付き添いのもと、地域の小学校へ通っていたのです。それまで、みんなより遅れているのは、知能が低いせいだと思っていました。発達検査を受けても、僕はほとんどの課題に答えられなかったし、医師からも知的障

害があると診断されていたからです。そのために、みんなと同じことができず、話せないのだと自分でも納得していました。

しかし、学年が上がり、たとえテストでいい点数が取れなくても、僕が勉強を大変だと感じることはありませんでした。自分の意思を人に伝えるのは苦手でしたが、学校でいろいろなことを学び知識が増えていくのは楽しかったです。

その一方で友達は、成績がいい悪いにかかわらず、どの子も過去の出来事をよく覚えているのに驚きました。以前経験した場面が、まるでトランプの七並べをしているみたいにわかるのです。それに比べて僕の記憶は、いつまでも当てられない神経衰弱ゲームをしているようでした。

僕の障害は、知的に遅れがあるという漠然としたものではなく、もっと複雑な問題があるのではないかと考えるようになりました。

山登先生がおっしゃるように、僕は今でも過去のつらい記憶に苦しんでいます。

この先、何枚の写真を手にするのか想像もつきませんが、それらの写真を机いっぱいに広げても、笑顔で向き合える自分になるのが、僕の目指す未来です。

「あいまいな記憶」がない、未来につながらない僕の記憶

東田くん、今回も記憶の話の続きです。

前回は、記憶の一コマ一コマを写真に、それがしまわれている場所を事務机の引き出しにたとえて話をしました。でも、記憶というのは、写真に写し込まれた映像と違って、もっと曖昧(あいまい)なもののようです。

脳科学者は、記憶があまりに正確で鮮明だと、脳が困るのだといいます。たとえば、一度会った人が、次に会った時に髪型が変わっていたり化粧を変えていたりすると、脳は最初の記憶と違うと判断し、同じ人物として認識しない。これだと、一人の人物を照合するために、たくさんの写真が必要になります。それではデータが膨大になってしまうし、照合に時間がかかりすぎる。

そこで、すみずみまで覚えておくのではなく、どこか特徴的な部分だけ記憶に残し

ておいて、あいまい検索ができるようにしておく。検索をかける時には、鼻や目の形のほかに、いつ会ったとか誰と会ったとかそういう情報も参考になります。顔だけ見たんじゃ誰だかわからないけど、あの時あそこで誰それと一緒に会った……など、いろいろヒントがあると、ああ、この人はあの人だと、すうっと思い出せる。

一般に、物を覚える、思い出すって作業は、こんな感じなんだと思います。もちろん、人の顔と歴史の年号では記憶の仕方は違うでしょう。情報がしまわれる場所も違うかもしれない。でも、年号を覚える時にやる語呂合わせなんかは、自分であらかじめヒントを作っておくようなもの、つまり記憶にタグを付けるようなものですね。

ところが、東田くんの教えてくれた自閉症の人の記憶のメカニズムは、これとずいぶん違うみたいですね。たぶん、一つひとつの記憶は、写真のように鮮明なのでしょう。タグの種類や付き方も違っていて、言葉より感情のタグが付いた記憶が多いとか。だから、記憶が検索おかまいなしに出てきたり、現実みたいにリアルでつらかったりするんじゃないのかな。

「あいまいな記憶」がない、未来につながらない僕の記憶

自分の意思とは関係なく、記憶をあいまいにできるなんて、脳というのは本当にすごいです。

自閉症者の記憶のメカニズムは、山登先生がおっしゃるような感じなのかもしれません。

みんなにとっての記憶は、生きていく上での道しるべなのですね。困ったり、迷ったりした時、人は次の一歩を踏み出すために、必要な記憶を取り出すのではないでしょうか。

僕の記憶は、未来につながらないのです。なぜなら、自分が何かをする時に、記憶を頼りに行動することができないためです。僕がこれまでできるようになったものは、パターンとして覚えたものだけです。

自閉症者の記憶が、どんなにやっかいで面倒か、普通の人には想像もつかないでしょう。

これまで何かできない時、必ず言われたことは「よく思い出して」「覚えているでしょ」という言葉でした。しかし、以前にやったという記憶はあっても、それがいつのことだったのか、どんな状況だったのか僕にはわかりません。

本来、記憶は一人ひとりの頭の中で再生されているのに、誰にとっても同じであるかのように、人が錯覚しているのは不思議です。

僕には「あいまいな記憶」が、ないような気がします。だから、人の顔が覚えられないのかもしれません。

その人について思い出すヒントになるものは、主に場所です。場所は、いつでも変わらず、そこにあるからです。僕は場所と人の名前を結びつけて覚えているせいで、他の場所でその人に会っても、誰だかまるでわかりません。

自分では思い出せないくせに、フラッシュバックによって記憶は突然蘇(よみがえ)ります。タイムスリップしたかのように、その時の感情があふれてくるのです。特に苦しかった記憶は、恐怖と悲しみが入り交じり、口では言い表せないほど、せっぱつまった気持ちになります。

どんなに泣き叫んでも、僕の逃げ場はありません。

II

「こだわり」と「好き」の間、自閉症者の秘めた理性

二〇一三年九月～二〇一四年一月

東田直樹↓山登敬之

まさか自分も人だと考えていなかった

十一回目は、僕の方から山登先生にご質問させていただきます。共感する気持ちが育つためには、何が必要なのでしょうか。自分が人だということを理解できていることが前提なのかを教えてください。

僕は先日、ピーターパンのミュージカルを見ました。会場には、小さな子どもたちもたくさん来ていたのですが、まだあまり話せない二、三歳の子どもでも、ストーリーをよくわかっていることに驚きました。それだけでなく、登場人物の立場になって喜んだり、怖がったり、応援したりしている姿に、言葉よりも早く、人としての気持ちが育っていることを改めて実感しました。

自分のことを振り返ってみると、幼い頃の記憶はさだかではありませんが、そうではなかったように思います。

僕が泣くと母は、どんな時でも駆け寄ってきて、すぐに「よし、よし」してくれました。母は僕にとっての安全地帯だったのでしょう。けれども、僕は話せなかったので、自分の気持ちを母に伝えたことはありませんでした。たぶん、母は僕にいろいろ話しかけてくれていたと思いますが、僕の耳には、母の声も鳥のさえずりも車の騒音も、同じように聞こえていたような気がします。それが寂しいとも感じませんでした。目の前で起きていることは、すべて自分とは関係のないできごとだったからです。

僕はいつも、自分の好きなことをしていれば満足でした。砂をさらさら落とし続けたり、流れる水をながめたり、物を回したり、美しいと思う世界と自分が一体化すれば幸せだったのです。

人がいることもわかってはいましたが、まさか自分も人だとは考えていませんでした。

自分も人だと徐々に自覚し始めたのは、三歳の終わり頃だと思いますが、その時の衝撃は僕の記憶に強く残っています。

先攻と後攻が入れ替わった途端、いきなり難しい質問が！

「まさか自分も人だとは考えていませんでした」という東田くんの告白も衝撃的！これは「教えてください」と言われても、簡単には教えられそうにないなあ。でも、この種の問題を東田くんと一緒に考えるのは、とてもおもしろそうですね。

「共感する気持ちが育つ」ことと「自分が人だと理解する」こととの間には、たしかに関連がありそうですが、どっちが先という話でもないような気がします。東田くんが劇場で観察したとおり、子どもには「言葉よりも早く、人としての気持ちが育っている」のでしょう。「共感する気持ち」や「人としての気持ち」が、乳幼児の頃からすでに芽吹いているということは、心理学や脳科学の研究でも明らかになっています。

ところで、「共感」とは、おおざっぱに言えば、「人の気持ちがわかる」ということですよね。そのためには、次のようなことができないといけません。自分と相手は別々の人間で、その時の心の状態は互いに違っていても相手が自分と異なる状態にあることを認識し、その違いを超えて相手の気持ちを自分の中に取り込む、ということです。

ここで、私が思い出すのは、いわゆる「心の理論」です。これが誰の心の中にもインストールされているおかげで、私たちは他人の考えや行動を、おおかた理解することができる。ふつう四歳ぐらいになれば、これを使いこなせるようになるといいます。ところが、自閉症の子どもだと、その獲得あるいは発達が遅れるらしい。

「心の理論」については、英国の自閉症研究者、サイモン・バロン＝コーエンらが行った「サリーとアンの実験」が有名です。この研究グループの一人、ウタ・フリス氏の書いた『自閉症の謎を解き明かす』（東京書籍・二〇〇九年刊）という、これまた有名な本にわかりやすい解説が載っています。東田くんは知ってるかもしれませんが、ご存じない読者のために紹介しておきます。

僕は「心の理論」の検査として、「サリーとアンの実験」を用いることは、重度の自閉症者に対しては、ふさわしくないと思っています。なぜなら、正解がわかっても、答えを口で言ったり、上手く指し示したりすることができないためです。そのうえ、僕のようなタイプの自閉症者の場合、最後の質問の「ビー玉」「どこ？」という単語が頭に残り、質問者にビー玉を手渡しする課題と勘違いしてしまいます。

僕は、自閉症者には「共感する気持ち」が足りないと考えられていることに、疑問を感じています。物の見方や感じ方が違えば、何に共感するのかという心情も当然変わるはずなのに、感情の部分だけは、大多数の普通といわれる人たちに合わせることを、強く強制されているような気がするからです。

気持ちをわかってもらいたいのは、僕たち以上にみんなの方ではないかと考えることがあります。

僕たちを社会の一員として迎え入れるためには、さまざまな工夫が必要でしょう。環境の設定や動きやすい状況をつくるための手助けは、比較的受け入れられやすいことなのかもしれません。けれども、それ以前に必ず普通の人の価値観を基準に、共感し合う関係づくりが求められるのです。

「心の理論」で、僕たちの心の中のすべてを解説することはできないと思います。自分が人だと考えていなかった僕が、自分のことを人だと認識し始めた時、僕の胸は悲しみでいっぱいになりました。それは、人に対して魅力を感じていなかったからではないでしょうか。

僕の周りには、こんなに美しいものがたくさんあるのに、人にならなければいけない現実に愕然（がくぜん）としました。

人として生まれたことが、今でも信じられません。

今回もまた衝撃の発言が続きますね、東田くん。「人にならなければいけない現実に愕然」とは、「人として生きるには社会のオキテに従わなければならないだろ、その不自由さといったらないぜ！」って感じかな？

ここで私のいう「社会のオキテ」とは、法律のことではなく、世間の常識、世の中のしきたり、人づき合いのマナーなどを指しています。これらはまさに、「心の理論」を基礎にできあがったものといえるでしょう。

人間という生き物は、こういう場面では、だいたいこういうことを考えて、こういうふうに行動する。その予測は「心の理論」に沿って行われている。だから、他人の考えや行動も、ある程度予測がつく。人間には、生まれつきこの「心の理論」が備わっていて、成長とともに起動するようになる。ところが、自閉症の子たちはそうでもないようだぞ……ということで考え出されたのが、「サリーとアンの実験」でした。前回、本の紹介だけで終わっちゃったので、今回は簡単に解説しておきましょう。

サリーとアンが同じ部屋にいます。サリーはカゴ、アンは箱を持っています。サリーは、自分の持っていたビー玉をカゴに入れて、外に出かけました。アンは、サリーのいない間に、カゴからビー玉を取り出して自分の箱に入れました。さて、サリーが戻ってきました。それではここで問題です！「サリーがビー玉を探すのは、どこでしょう？」

自閉症の子、知的障害のあるダウン症の子、発達に問題のない子の三つのグループで、それぞれこの問題を実施したところ、自閉症のグループだけが正解率が低かった。これが、一九八〇年代半ばにサイモン・バロン＝コーエンら英国の研究者が行った「実験」と、その結果です。ちなみに正解は「カゴ」ですね。アンがビー玉を移動させたことをサリーは知らないのだから、自分が入れたカゴの方を探すはず。ところが、自閉症のグループでは「箱」と答えてしまう子が多かった。実際にビー玉が入っているのはそっちだからですね。

世の中の大部分の人たちが常識として考えているような行動が、僕には、ほとんどできません。でも、それが僕にとって悲しいことかと言われると、そうとばかりは言えません。

なぜなら、常識通り行動することが、正義だという理論が、僕の中には当てはまらないからです。

正義は、自分の心の中にあります。

ルールは守らなければいけませんが、僕は、やっていいことと悪いことの区別がみんなほど、よくわかっていないと思います。だからこそ、僕は誰よりも正義を自分の中に求めてしまうのではないでしょうか。一人でいても、みんなといても、僕の中の正義は揺るぎません。

誰もが、一人で生きているのに、一人では生きられないのです。「社会のオキテ」があるからこそ、集団でいられるのでしょう。

けれども、僕たちのような人間は、どうしても、みんなみたいな言動ができないのです。

人間として、失格だといわれるかもしれませんが、自分でもどうしようもないのです。それでも、生き続けなければいけないのなら、自分がよりどころとする正義こそが、自信をもって生きていくための支えとなるのではないでしょうか。

「今日とは違う明日(あした)がくる」と信じることです。

何かを成し遂げるとか、夢を追いかけるとかいうことではありません。明日を信じる自分を支え続けることが僕の正義なのです。

僕は、たくましくなりたいのです。

未来は、ずっと遠いのに、毎日確実に近づいています。気づかないうちに、時間だけが過ぎていく。明日を信じることができなければ、未来を信じることはできないような気がします。

山登先生は、どんな正義をおもちですか。

東田くん、そのとおり！　正義は自分の心の中にある。私もまったく同意見です。ところが、この「正義」という言葉はやっかいで、誰がどういうつもりで使っているか、つねに注意を払って聞かねばなりません。だって、人間はそれを旗印に戦争までしてしまう生き物なんですから。

それはともかくとして、東田くんの「正義」は、オリジナリティがあって味わい深い。「今日とは違う明日がくると信じる」「明日を信じる自分を支え続ける」というのは、自分が生きるうえでの信条や信念に近いものですね。そして、これが東田くんの正しさを測るものさしになっているってことでしょうか。

私の持っている辞書『岩波国語辞典・第五版』には、正義は「正しい道理。人間行為の正しさ」と書かれています。東田くんは「自分が人として生まれたのが信じられない」と言っていたから、なにが人として正しいことなのか、いまいちピンとこないのかも。だから、オリジナルを生み出す必要があったのかもしれませんね。

私の場合は、東田くんに比べると、ずっと「社会のオキテ」に近い考え方になります。たとえば、弱い者いじめはしないとか、人を殺さない、殺させないとか。あとは、そうだな、お母さんに甘えるのはいいが泣かせたらいけないとか、親には嘘をついてもいいけど友達相手にはダメとか……。

こんな調子で並べていったら、ちょっとした「正義リスト」がつくれそう。でも、その一つひとつが本当にそうだよなって心から思えるものでなかったら、信用できるものさしにならないし、自分の行動の原則にすることもできません。

世間の常識を取り入れるにしろ、オリジナルを生み出すにしろ、正義は個人個人が自分の心の中で強く鍛えていくもの。何かの言いわけに使ったり、人に押しつけたりするものであってほしくない。だから、そう！　正義よ、わが胸に！

66 小さい頃、知らない場所では自分が自分でなくなった

僕は今では、付き添いの人がいれば、どんな所でも行くことができますが、小さい頃は自分の知らない場所に行くのが嫌でたまりませんでした。自分が知っている風景の中にいれば安心だったのです。それは、動物が縄張りの中にいたいのと同じような気がします。

外の世界が怖いからではありません。どちらかというと、自分が行くべき所ではないという感じです。行ってはいけないのではなく、そこへ足を踏み入れれば、自分が自分でなくなるという感覚なのです。

ですから、初めての場所では大騒ぎしました。行楽地に着いたとたんに機嫌が悪くなり、親は、僕をなだめるのに必死でした。泣いてわめいていたのは、早く家に帰りたかったからです。そこがどんなに愉快で楽しい場所でも、僕には苦しいだけでした。

幼い子どもなら、経験のないことに対して心配するのは、どの子も同じかもしれません。けれども、親が一緒ならがんばることができるのが普通だと思います。どうしてなのかわかりませんが、僕は親にしがみついていても、自分が安全だと感じてはいませんでした。

両親が冷たい人間だからではありません。両親は、いつも僕にやさしく、泣けば必ず抱っこしてくれていましたが、たぶん情緒的なかかわりだけでは、不十分だったのでしょう。

みんなに比べ、視覚や聴覚から脳に伝わる情報が強すぎて、僕の中で刺激の整理ができなかったのが原因ではないかと思っています。僕は自分を守りたかったのです。

そんな僕も、成長するにつれ、別の風景の中にいても、悪いことは何も起こらないのだとわかってきました。

ただのわがままな行為に見えるでしょうが、自閉症者ならではの理由があることを知ってもらいたいのです。

東田くん、これは人間における常同性の問題といえないかな。「常同性」とは、いつも同じであること、および、それを好む傾向のことです。

ここで私の学生時代の思い出話を一席。大学の近くに「食堂かつ美」という名の定食屋がありました。大衆食堂を絵に描いたような店だったのですが、お金のない貧乏学生どもは、そこに足繁く通っていました。私の同級生のヨコタ君もその一人でした。

ヨコタ君は、毎晩その店の決まった席に座り、スポーツ新聞を広げてチキンカツ定食を食べていました。「毎日毎日、同じ店で同じメニューを食って、よく飽きないなあ」と言う私に、彼はこう答えました。

「それが大事なんだよ、ヤマト。今日も昨日と同じっていう毎日がさ」

この言葉は、いまなお私の記憶に鮮明です。ヨコタ君の返事を聞いて、私はこう思ったのです。オレとまったく違う価値観のやつがいる！

小学生の頃から、私は自分自身に退屈していました。世間の常識と親の価値観を取り込んで育った私は、いわゆる一人のよくできた子どもでした。一般の子どもにとって、それはそれで、ある意味生きやすいことなのですが、私には自分自身がたいそう凡庸な人間に思えてイヤでした。ですから、私は、どうにか違う自分になれないものかと考えてばかりいました。明日が今日と違う日であってほしいといつも望んでいたのです。

しかし、人間はまったく違う明日（あした）は生きられないものです。人間に限らず、あらゆる生き物がそうでしょう。「いつも同じ」であることが、どこかで保証されていないと、自分がバラバラになってしまいますからね。

東田くんが何度も書いているように、自閉症の人たちの記憶に時間軸がないのだとしたら、自分を支えてくれるよりどころが別に必要になるでしょう。それが、すなわち、強固な常同性なのだと思います。

僕は小さい頃、文字にとても関心をもっていて、幼稚園に入る前から、お絵かきボードに自分の記憶した文字を書いていました。

文字が頭の中に飛び込んでくるような感じだったのです。そして、その文字を書くことを脳が僕に要求したのです。文字を覚えるためにやっていたわけではありません。とにかく、なぞりたかったのです。別のことをしている最中にも、文字が突然頭の中に浮かんできて、僕は空中にも指で文字を書いていました。

その間、他のことは考えていません。文字を書くことだけに集中していたので、何も目に入らなかったし、何も聞こえていなかったからです。単語の意味を考えていたわけでもなかったので、次々に書いていた文字が、どれだけ頭の中に残っていたのかはわかりません。

同じ文字を繰り返し書くこともありましたが、思い出して書いていたというより、自分の意思とは関係なく、頭に浮かんできた文字をなぞっていただけなのです。

会話もできなかった僕が、文字に異常な執着心をもっているのを見て、両親は困惑したと思います。さらに、視覚からの記憶がすぐれている自閉症ならではの特徴だとも言われ、心配したに違いありません。

けれども、文字に興味があるのは悪いことだと考えずに、僕の個性だととらえ、伸ばそうとしてくれました。電子辞書やことば絵辞典を購入したり、家族写真を使いアルバム絵本を作ってくれたりしたのです。僕が文字と言葉の意味を結びつけることができたのも、好きなことを続けられた結果ではないでしょうか。

自分がやっていることをだめだと否定されたら、僕は文字を嫌いになっていたかもしれません。友達のいなかった僕にとって、文字は心のよりどころでした。

特別支援教育が進んだ今でも、行動が奇妙だとか、みんながしないことをするという理由のために、自閉症の子どもに対して障害の特性に合う教育が行われていないような気がしてなりません。

子どもの頃の東田くんがそうだったように、自閉症の子は文字や数字に関心が強いですね。街で見た看板とかロゴマークとか、そういうのをよく覚えてきて、家に帰ってからお絵かき帳に描いたりして。

文字や数字のほかに、自閉症の子どもが好きなものといえば、トイレや洗面所の水の流れ、くるくる回る扇風機や換気扇、開いたり閉まったりを繰り返す自動ドアやエレベーターのドア、車や電車など乗り物一般……。

私のクリニックに通ってくる子にも、来ると必ずトイレに入って水を流す男子がいました。ＴＯＴＯとかＩＮＡＸとか、メーカーによって流れ方が違うんだそうです。知りませんでした。

電車にくわしい子は年齢を問わず大勢いて、なかには「小田急線の４０００形は顔がカワイイよ！」なんて教えてくれる小学生もいました。私は毎日小田急線に乗って通勤していますが、4000形がどれかすらわかりません。

ところで、「関心が強い」ってことと「好き」ってことは、はたして同じなんでしょうか。東田くんによると、「文字が突然頭の中に浮かんできて」とか「自分の意思とは関係なく」とかいうことらしいですが、これは「好き」ってことなんだろうか？

自閉症の特徴の一つに「強迫性」があります。「強迫」とは強い「こだわり」や「とらわれ」のことですね。これと「好き」の間に境界はあるのかな。私ははっきり線が引けないと思うのですが、これを強迫、つまり病気や障害の症状ととらえる人なら、治さないといけないと考えるかもしれません。そうすると、好きなことを取り上げられる子どもも出てきてしまう。特に役に立たないことは取り上げられる危険性が大です。

「こだわり」だろうと「好き」だろうと、とりあえず、子どもが夢中になっているものを取り上げるのはやめてほしいと思います。何かが好きというのは人が生きる力につながるし、逆に、それを無理に取り上げてしまえば、少なからず心の傷になるでしょうからね。

「こだわり」と「好き」は正反対。逃げられない「こだわり」

山登先生がおっしゃったように、夢中になっているものを取り上げるのは、やめてほしいと僕も思います。

僕の場合「こだわり」と「好き」は、同じではありません。こだわるのは、それから逃れられないということで、自分ではコントロールが難しい状態です。自分ではやりたくないのに、こだわってしまうことがあります。

好きでやっている繰り返しの行為は、楽しいはずです。途中でやめられなかったり、同じことばかりしたりするので、「こだわり」と「好き」は一緒だと思われているかもしれませんが、僕は正反対のものだと感じています。

こだわりは、脳からの命令なのです。もしも逆らえば、僕の脳は大混乱を起こしパニックになるでしょう。それなら、こだわりは僕にとって哀しいだけのものかと言われると、そういうわけでもないのです。こだわりをやっている間は、ある意味幸せな気分だからです。与えられた仕事をしっかりこなしている感覚に近いのかもしれません。仕事と違うのは、終了した後、こんなことをしてしまったと、すぐさま落ち込むことでしょう。

こだわりと好きが別のものなら、対応もそれぞれに考える必要があります。しかし、実際は当事者が好きでやっているのか、こだわりでやっているのか区別がつかないために、同じような対処になってしまいます。

僕は、それもしかたないと思っています。

「強迫」とは、強い「こだわり」や「とらわれ」だと、山登先生は教えてくださいました。僕は、こだわりがなくなれば、どんなに楽だろうと考えることがあります。でも、これも僕の個性なのです。

人に迷惑をかけるこだわりであれば、すぐにやめさせてほしいと思います。けれども、他の人が、ずかずか入り込んではいけない、その人にしかわからない世界というものもあるのではないでしょうか。

それを守ることが人権だと、僕は考えています。

「こだわり」と「好き」は正反対。
逃げられない「こだわり」

東田くん、前回はちょっと説明が足りませんでしたね。どうもすみません。日常用語としての「こだわり」と精神医学用語の「強迫」では意味するところが違うので、「好き」と比べるのは無理がありました。今回は、この強迫について、もう少しくわしく解説しておきましょう。

強迫は「強迫思考」と「強迫行為」からなります。前者は、自分では不合理とわかっていても、それにとらわれて制御できない考えのことをいいます。そして、後者は、この強迫思考にともなう不安を軽くするために行われる行為のことです。

わかりやすい例では、不潔恐怖と洗浄強迫があります。たとえば、トイレから出て手を洗う。一度洗っても、まだ汚れている気がして、もう一度洗う。いや、ちゃんとウォシュレット使ったし、そもそもウンコに触ったわけじゃないし……とわかっていても、また洗う。自分でもさっさとやめたいのに、洗っても洗ってもまた洗いたくなってしまう。

この場合、不潔恐怖が強迫思考、洗浄強迫（繰り返す手洗い）が強迫行為にあたります。いずれも、「そんなに汚いわけないのに……」「これってやりすぎ……」と自分でもわかっているのに、やらずにはいられない。やっている本人はとても苦痛に感じています。まさしく「好きでやってるわけじゃないよ！」という気持ちです。だとすれば、東田くんの言うとおり、「強迫」と「好き」はつながりませんね。日常用語の「こだわり」となら、つながるかもしれないけど。

でも、これも東田くんが指摘したとおり、強迫は「哀しいだけのもの」でもないのです。一つのことにこだわったり、同じ行為を何度も繰り返したりするのは、不安を打ち消し自分の中に安心を生み出すための自助努力とも言えるからです。

強迫は、自閉症に限らず、ほかの精神科の病気にもみられます。病気の症状としてだけでなく、幼児や思春期の年齢で一過性に現れることも多い。治療せずに自然に消えてしまう例だって、少なくありません。

自閉症者の秘めた理性に気づいてほしい

僕はパニックになると、自分を見失うことがありますが、普段の生活の中で、ピョンピョン跳んだり、奇声を出したりしている時、理性をなくしているわけではありません。行動のコントロールはきかなくなっていますが、こんなことをしてはいけないと、自分に言い聞かせています。

通常は行動によって、その人が理性的であるかどうか判断されますが、理性というものは、生まれながらに一人ひとりの心の中に宿っているものだと信じています。

理性とは、善悪、真偽などを正当に判断し、道徳や義務の意識などを自分に与える能力だと考える人も多いかもしれません。理性的な行動が見られない人たちには、人間らしい心がないと、主張される方もいるでしょう。それでは僕たちのような人間は、生きていくことができません。

山登先生にお聞きしたいのは、自閉症者における理性とは何かということです。理性とは、行動を制御する力ではなく、どのような人生を送るかの指針ではないのでしょうか。どれだけ悲しいことがあっても、自暴自棄にならない精神力ではないかと思うのです。

何度失敗しても、自閉症者は、落ち込んだり反省したりしているように見えず、平気そうだと言われるかもしれませんが、そんなことはありません。自閉症者もみんなと同じように心を痛めています。

僕は、どんなに怒られても、次の日にはいつも通りの毎日を過ごそうと奮闘している自閉症者の姿を、もっとみんなに評価してもらいたいと願っています。繰り返し注意され続ければ、普通の人なら何もかも投げ出したくなるに違いありません。

自閉症者の胸に秘めた「理性」に気づいてほしいのです。僕たちの日課は、決められたスケジュールやこだわりだけに支配されているわけではありません。

自閉症者のいつも同じでありたいと願う気持ちは、安定ではなく進歩なのです。

80 自暴自棄にならない精神力。自閉症者の秘めた理性に気づいてほしい

またもや難しい質問が飛んできましたね。「自閉症者における理性とは何か」?!
こんなこと聞かれた精神科医って、いままでいたかな。

第十三回で「正義」を話題にした時と似ているんだけど、東田くんの場合、この「理性」もオリジナル度が高いですね。「どのような人生を送るかの指針」「自暴自棄にならない精神力」……。なるほどなあ。

私の知る「理性」とは、物の道理に従って考えたり行動したりできる力のことです。それは、東田くんの言うように、個人の胸のうちにあるものですが、表には個人の日頃の発言や振る舞いとして現れてきます。ですから、どうしても、理性はその個人の行動によって測られる面があるのです。

そうすると、たしかに東田くんは不利ですね。自分の考えとは別に身体が勝手に動

いてしまうとなると、その場にふさわしい行動がとれないことも往々にしてあるでしょう。東田くんをよく知らない人には、理性のあり方を疑われてしまうおそれがあります。

しかし、東田くんの書いたものを読んだり、講演を聞いたりすれば、ちゃんとした知性と理性のもち主であることがわかるわけですよ。だから、自閉症の人たち固有の「理性」があると考えるよりも、自閉症の人にもそうでない大勢の人たちと同じようにそれはある、ただあまりに伝わりにくいのだとする方が自然でしょう。

それではこっちの立つ瀬がないよ！　と、東田くんは言ってるわけだけど、自閉症の人たちもみんなと同じように理性をもっているのだと直球勝負で主張していく方が、理解者を増やせるんじゃないかな。すごく大変だと思うけど、東田くんはこれまでずっとそういうふうに主張してきたんだし、これからもその路線でやっていって間違いはないと思います。

なにしろ、東田直樹著『THE REASON I JUMP』が、いま世界中で売れているんだから、「自閉症者の胸に秘めた理性」に気づく人も、これからきっと増えていくよ。

励ますより、受け止めることの方が難しい

山登先生はお仕事で、子どもにやる気や根気がない、すぐにあきらめるなどといった親御さんの悩みを聞いていらっしゃるのではないでしょうか。

親は子どもに、今の状況に負けないでほしいと望みます。どんなにつらいことがあっても、我慢しなければいけないとさとします。

子どもの心が強ければ、もう少し成長できるのに、と思っているのかもしれません。でも、逆なのです。みんなのようにできないから、気持ちも弱くなってしまうのです。だからといって、遅れがあるために、精神面でも普通の子ども以上に援助が必要だと、決めつけないでください。

障害者は自己肯定感が低くなりがちですが、それはしかたのないことでもあるのです。周りと比較して自分はどうなのか、どれくらい人の役に立っているか気にならな

い人はいないでしょう。

自己肯定感というものは、褒められるだけでは育ちません。

自分の子どもが弱音をはいた時、我慢をしている前に、一度気持ちを受け止めてもらいたいのです。それは、思いをはき出すことで、前向きになれることもあるからです。

自立のために練習するのは、当たり前だと思われがちですが、人並みにやれないことを繰り返し練習するのは大変です。ましてや、課題は生涯にわたるものです。

愚痴や泣きごとを言った時にも叱らず、じっくりとその子の言い分につき合ってもらえるとありがたいです。励ますことより受け止めることの方が難しいと思いますが、まずは子どものありのままの気持ちに寄り添ってください。

今の自分ではだめだと考えるから、弱気になるのです。そんなあなたでも大丈夫と言われれば、もう少しだけ努力してみようという気になれます。

何とかして前向きに生きていきたいと、子ども自身も願っているのです。

みんなのようにできないと気持ちも弱くなってしまう、自己肯定感も育たなくなってしまう。東田くん、これはもうそのとおりですね。ここで、この問題を考えるために、乳幼児の成長過程をおさらいしておきましょう。

赤ちゃんはハイハイを始めて自分で動き回れるようになる頃から、目についたものを触ったりなめたりしながら、まわりの世界とかかわりをもとうとします。一歳のお誕生日を過ぎる頃から、自分の足で立ち、歩き、自分の意思で動き出します。ある時は「ひとりでできるもん！」と強情を張り、またある時は「やっぱりできない……」としょぼくれる（この年齢では、こんなふうにしゃべれないので、これは心の声です）。そして、そのたびに、子どもはお母さんから離れたり、くっついたりを繰り返します。

この時、その子にとって必要なのは、「ひとりでできてえらかったね」、あるいは「大丈夫、次にはきっとできるよ」といったお母さん（に代表される大人たち）の温かいまなざしです。それがあってこそ、子どもはみずからの不安と闘いながら、自我を育てていけるのです。

「自我」という言葉は、精神分析学の定義に従って説明すると、いろいろめんどうくさいので、ここでは「自分の欲求を出したり引っ込めたりしながら、現実の世界とかかわる力」ぐらいの意味に考えておいてください。

それで、この時期を無事に過ぎると、子どもは自我の芽生えた独立した存在に育つ、と。ここまでが、およそ三歳ぐらい。そこから先は、親のしつけを通して、自分の欲望（これも精神分析的にいうと「欲求」とは区別されるのですが、説明はめんどうなので省略）をコントロールする力、ものごとを上手にあきらめる力を身につけていきます。

このように、子どもの成長過程をたどってみれば、我慢させたりがんばらせたりする前に「いまはそれでいいんだよ」と子どもの存在をまるごと認めてやることが、いかに大事かということがわかるでしょう。

心の奥の痛みをともなう感情は吐き出し難い

人に言えないことは、誰もが胸の奥にしまっていると思います。僕も、もちろんそうです。

話せない人が、何らかのかたちでコミュニケーションの方法を獲得した場合、周りの人は、とても驚くのではないでしょうか。言葉をもっているにもかかわらず、気持ちを聞いてあげられなかった罪悪感のためかもしれません。一所懸命に、その人の「声」に耳を傾けようとしてくれます。

それは、素晴らしいことだと思います。けれども、僕は、これはこれで危うい状態だと考えています。会話というものは、相手の思いを受け止め成り立つものだからです。

たとえ、その言葉が、本人から出た言葉だとしても、本心とは限りません。僕がコミュニケーションができるようになって知ったことは、相手やその時の状況によって会話はいくらでも変わるということです。なぜなら、誰だって褒められたいし、嫌われたくないからです。

僕が筆談できるようになったのは、幼稚園の頃だったので、周りの人の気持ちなど思いやることもできず、どんなに自分がつらくて苦しいか、そのことばかり書いていました。母は筆談をするたび、悲しかったと思います。もし、僕がもっと大きくなってから筆談を始めていたなら、人を傷つけるようなことは書かなかったでしょう。

コミュニケーションができるようになって、ようやくみんなは、僕たちも当たり前の人間だったことに気づきます。

人を感動させるような言葉を書くこと以上に難しいのは、心の奥に眠っている痛みをともなった感情を吐き出すことです。そうしない限り、思いを伝えられるようになったとしても、みんなが感心してくれるような自分を演じられるようになっただけではないのでしょうか。

話せなかった時に比べれば幸せに違いありませんが、それもまた、自分であって、自分ではないと思うのです。

東田くん、今回もまた、ちょっと驚き！　のお便りをありがとう。驚いたというのは、東田くんの書いていることが、およそ「自閉症」らしくないと感じたからです。いっぱんに、自閉症の人は他人の気持ちや考えを汲み取るのが難しいといわれています。自閉症の特徴のひとつである「コミュニケーションの障害」とは、言葉を使って自由に会話ができないだけでなく、相手の感情の動きを読み取れないという性質をも含んでいます。だから、人間関係がうまくつくれず、集団の中でも孤立してしまう。そう考えられてきました。

ところが、東田くんの今回の便りを読むと、筆談を覚えてから周りの人の気持ちを思いやることができるようになった、と書いてある。そして、会話は「相手の思いを受け止め成り立つもの」だということがわかった、と。つまり、自閉症であっても人の気持ちはちゃんとわかるんだ、ということですね。

もちろん、これは個人差があるでしょう。自閉症でなくたって、人の気持ちがわからない人間は、いくらでもいますからね。東田くんの場合は、気持ちのやりとりができるようになるまでに、多少時間がかかったということかもしれません。

とはいっても、幼稚園ぐらいの子どもは、わがまま勝手に自分のことばかり言ってるものなんだから、思いやりが足りなかった……なんて反省する必要はないと思いますよ。逆に、その年齢で周囲に気を遣ってばかりいる子がいたら、それはそれで心配です。

それと、筆談を始めるタイミングがもっと後だったら、他人を傷つけることはなかったというのは、ちょっと違うんじゃないかな。それがどんな方法であれ、他人とのコミュニケーションを通して、子どもは思いやりの気持ちを育てていくものだから、このふたつのことは同時進行なんだと思います。

もうひとつ、今回の便りで東田くんは非常に興味深いテーマに触れています。それは「嘘」に関することなのですが、これについては、またいずれ別の機会に。

前回、山登先生がおっしゃっていたことは、よくわかります。自閉症者は、相手の感情の動きを読みとれないために人間関係がうまくつくれず、集団の中でも孤立してしまうと、現代の医学では考えられています。

けれども、それは自分の意見を話すことで人に伝えられる自閉症者の様子を、観察した結果ではないかと思うのです。話せない自閉症者の中には、僕のように状況や人の気持ちがわかっていても、言動で自分の思いを表現できない人たちがいるのではないでしょうか。

つまり普通の人からは同じ障害に見えるかもしれませんが、話せる自閉症者と話せない自閉症者では、違う悩みを抱えているのではないかということです。なぜなら、会話はできなくても筆談や文字盤を使って自分の思いを伝えられる重度の自閉症者を、僕は何人も知っているからです。
その人たちが、他の人の気持ちを考えていたなんて、誰も想像できなかったと思います。自力でのポインティングでなければ、みんなと同じような内面があることを信じない人もいるかもしれませんが、僕も最初は、援助されての筆談やポインティングから始めたのです。

山登先生は、他人とのコミュニケーションを通して、子どもは思いやりの気持ちを育(はぐく)んでいくものだと書かれていますが、僕はそう思ってはいません。コミュニケーションを通して育つのは会話力であって、心ではないと考えているからです。コミュニケーションというものは、言葉のキャッチボールであり、心を伝え合うための手段に違いありません。しかし、自閉症でなくても人の気持ちがわからない人がいるように、心はそれだけでは育たないと思います。

心の育ちには、周りの人の愛情が必要です。

愛情を伝える手段は、言葉だけではないはずです。触れ合いやまなざし、相手を思う気持ちが、どれだけ本人に伝わっているかが大切なのでしょう。

心の中は、その人にしかわからないということです。

「コミュニケーション」という言葉の使い方の違いから、ちょっと行き違いが生じたようですね。

東田くんは「他人とのコミュニケーション」を言語によるものに限って論じているようですが、コミュニケーションには、言葉によるものとよらないものがあって、後者を特に「非言語コミュニケーション（nonverbal communication）」と呼んだりします。動作や表情、東田くんのいう「触れ合いやまなざし」などもこれに含まれます。

言語的であれ非言語的であれ、コミュニケーションは情報も伝えれば、互いの気持ちも伝えます。もちろん、愛情も伝えます。「愛してる」と言葉で伝えることもできるし、相手の手を黙って握るだけで伝わることもある。だから、総合的に言えば、コミュニケーションが心を育てると考えてよいのです。

ところで、難しいのは、東田くんの最初の疑問の方です。一般に、自閉症では他人の感情の動きが読み取れないと考えられているが、それは話のできる自閉症者の観察から得られた結果ではないのか。たしかに、自閉症の人が会話の中でトンチンカンな受け答えをしたら、そう思われるかもしれません。でも、その人がそういう返事をしたからといって、他人の気持ちがわからない人だとは言い切れません。その人は、単に言葉がうまく使えないだけで、本当は人の気持ちがわかるのかもしれない。

そういえば、東田くんと「サリーとアンの実験」の話題でやりとりしたことがありましたね。東田くんは、自分を例にあげながら、あの種の問題が出された時、正解がわかっていても回答する段階で誤った答え方をしてしまうので、結果的に人の気持ちがわからないことにされてしまうと言っていました。これと同じことが、話のできる自閉症の人にも起こっているとしたら、その人にも、東田くんと同じように、自分の置かれた状況や他人の気持ちがわかっている可能性がありますよね。

いずれにしても、私たちは表に見えるものだけで内面まで判断しがちですが、それにはつねに「?」を付けておいた方がよさそうです。

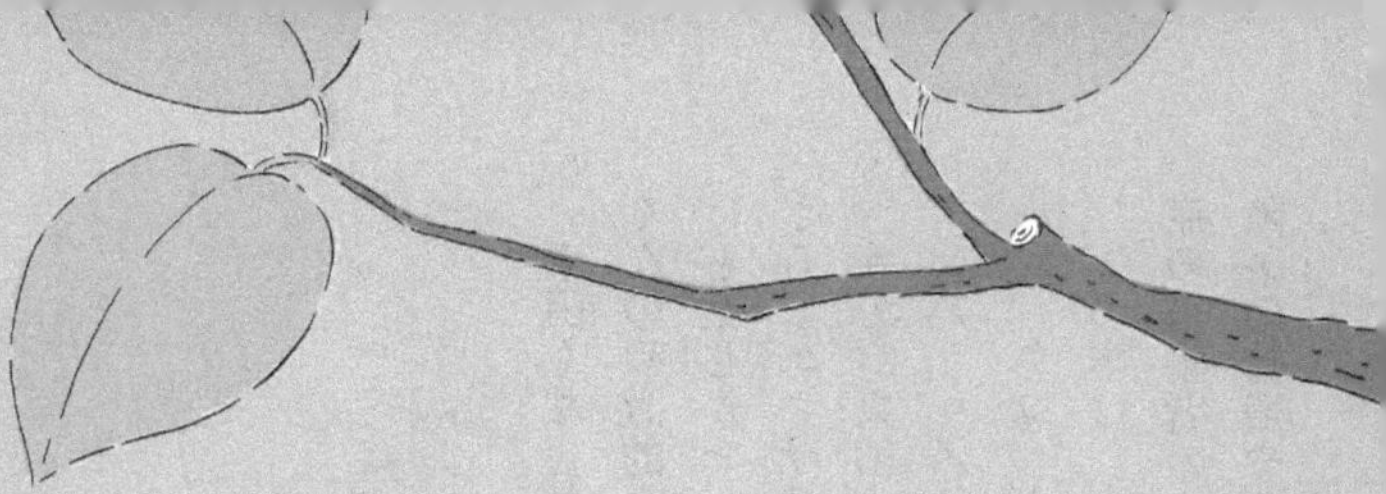

Ⅲ 純粋さ、うしろめたさ、嘘、そして夢

二〇一四年二月～六月

山登敬之→東田直樹

東田くん、早いもので、この往復書簡も二十回を超えました。前の十回では、東田くんの刺激的な質問や意見がビュンビュン飛んできて、それを受けるのは難しかったけど楽しかったです。今回からは、初めに戻ってまた私が先に書かせてもらいます。さらにエキサイティングなやりとりになったらうれしいです。

さて、東田くんの新刊、『あるがままに自閉症です～東田直樹の見つめる世界』（エスコアール／角川文庫）が出ましたね！　さっそく読みました。読者のみなさんのために、ちょっと紹介しておきましょう。

この本は、東田くんの当事者シリーズの一冊に数えられるものです。著者は、自閉症の当事者の立場から、独自の感覚に説明を加えたり思い出をつづったりしながら、障害の特徴やそれを抱える苦悩について理解を求めています。そして、従来の療育、教育のやり方にも疑問を投げかけ、意義のある提言をいくつもしています。

私もこの本を読んで、これまでの東田くんの発言を思い出したり、新たに気づいたりすることがいろいろありました。いつもどおり、文章はわかりやすいうえに深い。東田くんは、自分は年がら年じゅう考えている、考えることは「息をするのと同じくらい日常的なこと」だと書いています。東田くんの著作の数々は、その思索の果実なんですね。

私が興味を引かれたところはたくさんありますが、ひとつあげるとすると、「障害者は純粋か」という短い文章。たしかに、発達障害を含め精神障害をもつ人たちは、全般に「敏感な人」「傷つきやすい人」、それゆえに「純粋な人」という印象をもたれがちです。

しかし、東田くんは「純粋な人もいれば、そうでない人もいる」と言い切っています。身もフタもない！　というか、まあ、当たり前といえば当たり前なんですけどね。でも、一般の人々は「障害者は純粋」だと思いたがっている。もしかすると、健康であることのうしろめたさが、そうさせているのかもしれません。

僕の新刊をご紹介くださって、ありがとうございます。この本は、十八歳の時に書いたブログの中から印象に残った文章を加筆修正したものです。多くの方に読んでいただければ光栄です。往復書簡も、これまで以上に楽しみながら書き続けていきたいと思います。どうぞ、よろしくお願いします。

「うしろめたさ」という発想は、思いつきませんでした。障害がないことで、自分を責める人がいるなんて、僕は考えたこともありません。

障害者は純粋だと多くの方が感じてくださっているのは、家族や支援者は、ある意味うれしいことなのでしょう。純粋という言葉の響きは、とても美しく、いいものにしか使われないイメージがあるからです。けれども、障害者もみんなと同じ年月を生きているのです。

僕は新刊の中で「知的障害者の人たちが純粋に見えるのは、普通の人にはないものをもっているからかもしれません。普通の人は、それが何かをうまく表せなくて、純粋という言葉に置き換えているのではないでしょうか」と書いています。僕が純粋だと言われても、あまり喜べません。なぜなら、成熟した大人に対しては、純粋という褒め言葉は使われないと考えるからです。

誰でも、純粋さはもっていました。大人も全員、昔は子どもでした。野原を駆け回り、虫捕りをし、風の音に耳を傾けていたでしょう。

障害者もみんなと同じ人間です。他の人をうらやむことも、憎むこともあると思います。普通の人ができることができないのがつらいのは本当ですが、だからといって、障害者を特別な存在にすることを、当事者は望んでいないのではないでしょうか。「一般の人々は、障害者が純粋だと思いたがっている」と山登先生はおっしゃいました。僕も同感です。

もしも、障害者の見かけの姿が、純粋以外の何かであるなら、普通の人にとって、その何かは恐れでしかないと思うからです。同時にうしろめたさからも解放されますが、みんなはそれを、求めているのでしょうか。

一般の人々が（知的）障害者を「純粋」と思いたがるのは、自分が健康であること、つまり障害がないことに「うしろめたさ」を感じているせいではないか。私がそう指摘したところ、東田くんは、そんなこと想像してもみなかったと返事をくれました。今回は、この「うしろめたさ」に関連するエピソードをひとつ。私が小学校二年生か三年生ぐらいだった頃の思い出です。

ある日、私は近所のガキども三人と、横丁で缶蹴りをして遊んでいました。その子たちはみな私よりひとつ学年が上でした。そこに、中学生ぐらいの年頃の坊主頭が、松葉づえをついて現れました。自分も遊びに入れてくれというのです。彼の片脚には麻痺があるのがわかりました。年の離れたチビどもと遊びたがるのだから、知的にも障害のある子だったかもしれません。

脚が悪いうえ、初めて会う子どもたちの名前もすぐには覚えられないので、彼が鬼になったが最後、缶は蹴られ放題。ガキどもは塀の陰から飛び出していっては、代わる代わる缶を蹴ります。松葉づえのお兄さんは、そのたびにあわてて缶を拾いに走るのでした。

缶を蹴って戻って来た子は、「あいつ、おもしれえな！」と息をはずませ喜んでいます。私は、笑い顔をこしらえるのが精いっぱいで、ちっとも楽しくありませんでした。その中学生に対して、申しわけないような、なんとも居心地の悪い感情を抱えていたからです。

そして同時に、こんな気持ちでいてはかえってあのお兄さんに失礼ではないのか、あんなに額に汗をかいて転がる缶を追っかけているのに……とも感じていました。

そう、その中学生は、笑顔を浮かべ楽しそうに遊んでいたのです。だから、この場合は周囲の連中の態度が正しく、障害のある彼を気の毒に思って一緒に楽しく遊べない自分は間違っているのではないか……。私は悩みました。

板塀の陰で身を縮めていたのは、鬼に見つかりたくない思いからだけではありません。あの日、私は一度でも缶を蹴ったのでしょうか。

みんな何かしら、うしろめたさを感じながら生きている

うしろめたさというのは、自分にしかわからない感情です。

山登先生がうしろめたさを感じられたのは、きっと、その中学生が、かわいそうだったからではないでしょうか。

相手を気の毒だと思う時、僕にも、うしろめたさはあります。たとえば、戦争や飢えに苦しんでいる子どもたちの存在をニュースで知るたび、僕は悲しい気持ちでいっぱいになると同時に、何もできない自分にうしろめたさを感じています。

けれども、障害者も同じように思われているとは、気づきませんでした。「うしろめたい」の言葉の意味は、自分に悪い点があって、気がとがめるということです。

山登先生は、中学生が楽しそうでも、自分たちがあまりに優位な状況にあるのが、許せなかったのではないでしょうか。

生まれた時から自閉症である僕は、健常がどういうものか知りません。たとえ障害が原因で、できないことがあったとしても、他人とは関係なく、それは、僕個人の問題です。僕の障害は、誰のせいでもないと自覚しています。

どんなにつらく苦しい人生でも、与えられた環境の中で、人は生きていかなければなりません。環境の中には、生まれ育った土地やかかわってくれた人、これまでに受けた教育などが含まれます。障害も、その中の一つだと考えているのです。

程度の差はあっても、人はみんな、うしろめたさを感じながら生きているのだと思います。

なぜなら、自分の力だけではどうしようもないことが、世の中には多すぎるからです。自分の力の限界がわかった時、人は立ち止まり、運命に身を任せるのでしょう。

缶蹴り遊びが最後にはどうなったのか、たぶん誰も覚えていないのではないでしょうか。

それでいいのです。子どもの頃の記憶に、自分とは違う生きづらさを抱えた人間がいたという事実が、大事なのではないかと思います。それが、ともに育つということです。

障害者に対する「うしろめたさ」とは？

東田くん、そのとおりです。私たち発達多数派（いわゆる「障害」のない人たちを仮にこう呼びます）が、発達少数派（たとえば自閉症の人たち）に対して感じる一種の「うしろめたさ」は、東田くんの言うように「自分たちがあまりに優位な状況にあるのが許せない」という感情から生まれてくるのだと思います。

実は、正直にいえば、私は東田くんに対しても自分がこういう感情を抱いていないかどうか、いつも気になっています。東田くんは、人から「すごい！　自閉症なのに……」というような驚き方をされることはありませんか？　これは一般の人の素直な反応だと思うのですが、「すごい！　この人、障害があるのに、こんなこともできるんだ！」という驚き方は、どこかまずい気がします。

なぜなら、この驚きは「それだけできるんだから、障害なんて気にすることないよ！」

とか「障害っていうけど全然フツウじゃん！」とかいった方向に流れる危険があるからです。発達多数派のこういう発言を聞くと、少数派側は「それってやっぱりフツウの方がいいってこと？」と感じてイヤな気持ちになるのでは？

もちろん、そういうふうに言う人たちに悪気はないのでしょうが、自分たちが「優位な状況にある」ことに無自覚すぎるようにも思います。彼らは少数派に対して「うしろめたさ」は感じないかもしれない。あるいは、無意識の「うしろめたさ」から、そういう言葉が出てしまうのかもしれませんね。

かくいう私も、これまで何度か、東田くんが「自閉症らしくない」というような書き方をしてきました。これは、いままで私たち医者が「自閉症はこれこれこういう障害」と考えていた枠から、東田くんがはみ出しているという意味での驚きです。ところが、ともすると、ここに「すごいな、東田くん、自閉症なのに……」という思いも混じり込んでくる。

相手の尊厳を傷つけないようにしながら違いを認め合うこと。これはなかなか難しいと、あらためて感じます。

障害者に対する
「うしろめたさ」とは？

僕自身は「自閉症なのにすごいね」と言われて、嫌な気持ちになったことはありません。

逆に障害者にうしろめたさを感じてくれる優しさに感心するくらいです。たぶん、前回の山登先生のお話にあった、健常の小学生たちと缶蹴り遊びをして一所懸命に鬼の役をやり続ける知的障害の中学生の気持ちに、似ているのではないでしょうか。どうしてかと言われると、僕が生まれながらの障害者だからだと思います。

障害があるからかわいそうだと判断するのは、健常者の考えです。中途障害の方なら、また別のとらえ方をされるのかもしれません。

僕は、僕なのです。健常者になったことがないため、どれだけ自分が気の毒な存在か、知るよしもありません。みんなといる時に、自分がいかにできないのかを、思い知らされることはありますが、それは僕自身の問題なので、他の人が、成績が悪いとか、運動ができないということと、あまり変わりはないような気もします。

人の尊厳を傷つけない配慮は大切です。けれども僕は、当事者の一人として「障害があるから」という理由で相手をかばう必要はないと思っています。なぜなら、障害という区別は社会がつくりだした制度だからです。

人と人とのつながりは、もっと根本的なものだと信じたいのです。

思いやりや愛情は、それぞれの育ちや価値観の中から生まれます。人をさげすむのは、そうせずには幸せを感じられないという人生の背景が、そこにあると思うのです。どんな人も同じ人間だとわかれば、おのずと違いを認め合えるようになるのではないでしょうか。

うしろめたさは、自分の行動に対する反省の気持ちだと思います。

もしも、僕と一緒にいることで誰かがうしろめたさを感じるのであれば、僕は寂しいです。

一緒にいて楽しいと思われる人に、僕もなりたいと願っているからです。

「すごい！　この人、障害があるのに、こんなにできるんだ！」という驚き方は、障害のある当事者に対して失礼なんじゃないか。私はそんなふうに考えていましたが、これ自体は素直な驚きでしょうから、べつに目くじらたてる必要はなかったかもしれません。障害のある人を前に自分の側の優位性を感じて、なんとなく「うしろめたさ」を抱いてしまうというのも、それはそれで自然な心の動きなのでしょう。

問題になってくるのは、その先、その人がとる態度や行動の方ですね。障害によって困ってる人がいれば気の毒に思う。何か手助けできることはないかと考える。これはよいこと、よい行いといえます。しかし、相手が困ってもいないのに障害があるだけで「気の毒」と決めつけてはいけないし、勝手な思い込みにもとづいて手を出しては、それこそ余計なお世話になってしまいます。

同じように、努力によって障害を克服しようとする人に対する賞賛の気持ちから、その人を必要以上に持ちあげようとするのも、迷惑な話だと思います。障害のある人に対して感じるうしろめたさを打ち消そうとして、同様の行動に出てしまう場合もあるでしょう。

ちょっと話がズレますが、発達障害の業界には「エジソンもＡＤＨＤ（注意欠如多動性障害）だった」とか「アインシュタインもアスペルガー症候群だった」とかいう話をしたがる人がよくいます。障害をもつ子どもたち、というよりその親たちを励ますつもりなのかもしれません。でも、私にはどうにもいただけない気がするのです。

そもそもエジソンの時代にはＡＤＨＤという障害はなかったのだし、アスペルガー症候群という概念が生まれるのもアインシュタインの没後三十年ぐらいしてからのこと。ですから、診断すること自体がナンセンス。

それにエジソンもアインシュタインも天才と称される人たちなのであって、たとえ発達障害だったとしても、その中でもきわめてまれなケース。そういう例を引き合いに発達障害の人たちを持ちあげようとするのは、やり方が間違っていると思います。

山登先生がおっしゃるように、エジソンやアインシュタインの名前をあげられて喜ぶのは、親御さんの方だと思います。僕自身は、歴史の中で偉人は何百人もいるはずなのに、その中の数人が発達障害だといわれても、名前をあげなければいけないくらいめずらしいのだろう、と考えてしまいます。

この意見は、伝記を読んで立派な人になってもらいたいという親に反抗する思春期の子どものように、少しひねくれているのかもしれません。

障害があってもなくても、評価されるべきものは結果ではないのでしょうか。

何かを成し遂げるまでの経緯まで加算してしまっては、物事の正しい価値判断の基準がくずれてしまうからです。その人がどれだけがんばってきたのかは、結果とは別のところで認められるべきものなのでしょう。

障害者の努力を持ちあげることについては、当事者として複雑な思いがあります。障害者にとってつらいのは、普通の人ができることができないこと以上に、できない気持ちをわかってもらえないことではないかと僕は思っていますが、人から褒められると、その気持ちを少しは理解してもらえたような気分になるのは事実です。しかし、必要以上に賞賛されることについては、何かおかしいと感じています。

僕は、自分が毎日当たり前にやっていることまで褒められたくはありません。普通の人から見れば、不自由な障害者ががんばって動いているように見えるかもしれませんが、これが僕の日常生活だからです。

障害者が特別な存在であるかぎり、こういう議論は続くのでしょう。

僕は障害者にも、社会で果たす役割があると信じていますが、それは健常者を感動させることではないと思います。

自分らしく生き続ける姿を見て、こんな人もいるよと関心をもってもらうくらいで、ちょうどいいのではないでしょうか。

自閉症者に嘘が難しいのは、自分にも嘘をつかないといけないから

東田くんは嘘をついたことがありますか？　こんなことを尋ねるのは、一般に自閉症の人は嘘をつくのが下手と言われているからなのですが、東田くんはきっと嘘をつけると私は思っています。だって、ほら、86ページの手紙の10行めに書いてある。「本人から出た言葉だとしても、本心とは限りません」

自閉症の人が嘘が下手なのは、相手の気持ちを読み取るのが難しいからだといわれています。嘘というのは、言いっ放しじゃすぐにバレてしまうので、相手の心の動きを予想しながら言わなくてはならない。これが自閉症の人には難しいというわけです。

六歳から十歳の子どもを対象にした、こんな実験があるそうです。大人が子どもに「この箱におもちゃが入ってるけど、中を見ちゃダメだよ」と言ってから部屋を出ます。しばらくして戻って来て、子どもに見ていないかどうか質問します。

子どものなかには、箱を開けておもちゃを見ていても、「見てない」と嘘をつく子がいます。そこで、もう一つの質問をします。「そのおもちゃ、なんだと思う？」ここで子どもは考えますね。「この人はボクがおもちゃを見てないと思ってるんだから、ここは知らないふりをしとかなくちゃいけない……」。そこで、「ボク知らない」と、もうひとつ嘘をつくことになります。

この実験では、一つ目の嘘をつく子の割合は、自閉症の子とそうでない子に差はなかったそうです。ところが、二つ目になると、その割合は自閉症の子の方がずっと少なかった。おもちゃがなんだったか、見たとおり正直に答えてしまったんですね。つまり、大人の誘導尋問に引っかかってしまったわけです。

嘘つきは泥棒の始まり、なんて言いますから、できれば嘘はつかない方がいいんですが、それでも、いろいろな事情で人は嘘をつきます。ときには、自分を守るために。それが上手にできないとなると、これもまた自閉症の不自由なところかと思います。

自閉症者に嘘が難しいのは、自分にも嘘をつかないといけないから

山登先生が予測されたように、僕も嘘をつきます。ただし、僕が嘘をつけるのは、文字盤ポインティングで話をしている時だけなので、普段は嘘どころか会話そのものができません。

重度の自閉症者の場合は、発語があっても、自分が見たものを、そのまま答えることが多いと思います。知能が低いとか、質問の意味がわからないというだけではなく、それ以外に選択肢がないからではないでしょうか。思いを伝えられない自閉症者にとっての精いっぱいは、自分の目の前にある物の名前を答えることだからです。

一般的に自閉症者は、相手の気持ちが読み取れないために嘘をつけないと考えられていますが、嘘というものは本人が自覚してつくものだけではないような気がします。けれども、結果として事実と違っていれば、嘘と判断されるのでしょう。

自閉症者にとって難しいのは、相手だけではなく、自分と自分の記憶にも嘘をつかなければいけないことだと考えています。

実験では、箱を開けるのも、おもちゃを見るのも、本人が行っている行為という点で同じだとみなされるのかもしれませんが、僕は別の意見をもっています。なぜなら、箱を開けたのは自分ですが、おもちゃは目に入ったとたん、記憶に刻まれたものになるからです。そのために、自分に嘘はつけても、記憶に関しては、修正できなかったのではないでしょうか。

僕も目からの記憶は鮮烈で、次々に写真のように頭の中に保管されます。誰かに嘘をつけば、その写真は捨てなければなりませんが、僕の脳は、それを許してくれません。誘導尋問に引っかかってしまうという考えは、普通の人の脳を基準にしている気がします。

嘘は、確かに便利です。しかし、嘘を上手につけるより、自分に正直でいたいと願うのが人間だと思います。

そういう意味では、自閉症者は、理想に近いのかもしれません。

記憶しているのは脳。
僕は「嘘」をついてはいけない

東田くんも嘘をつくと知って安心しました。でも、「嘘をつけるのは、文字盤ポインティングで話をしている時だけ」だそうだから、とっさの嘘というのは難しそうだな。

さて、前回の嘘に関する東田くんの意見は非常に興味深かったのですが、ちょっとよくわからないところがあったので、確認させてください。おさらいすると、こういう話でしたね。

大人の言いつけを破って箱の中のおもちゃ（ここでは車のおもちゃとしておきましょう）を見てしまった子どもが、その大人から「見た？」と聞かれて、「見てない」と答えてしまう。言いつけを破ると叱られるからです。

そこで第二の質問が飛んでくる。「どんなおもちゃだった？」。これには「知らない、見てないもん」と嘘をつきとおせる子と、正直に「くるま……」と答えてしまう子がいる。

後者のグループに入る正直者は自閉症の子に多かった。それは、彼らが質問者の考えを読めず、誘導尋問に引っかかってしまうからではないか。

これに対し、東田くんは「自分に嘘はつけても、記憶に関しては、修正できなかったのでは」と言っています。また、自閉症の人は「自分が見たものを、そのまま答えることが多い」とも書いていました。

これは、つまり、質問の意味や相手の意図がわかっていても、自分の見た「車」の映像が記憶にくっきり刻まれているために、「くるま!」と答えずにはいられないということでしょうか? そう答えてしまうのは、誘導尋問に引っかかったわけではなく、記憶(に残った映像)とそれを言葉にせずにはいられない衝動が原因ということですか?

だとすると、自閉症の子が二つ目の嘘がつけなかったのは、質問者の意図が読めないせいではなく、自閉症特有の記憶力、それに衝動性や強迫性の問題になりますね。どうでしょう?

東田くんが自閉症代表というわけでもないから、こんな質問も気が引けますが、東田くんの前回の話は右のような理解でよいのでしょうか。

記憶しているのは脳。僕は「嘘」をついてはいけない

僕の目からの記憶というものは、自分でカメラのシャッターを切る時のように、そこに僕の姿は映っていないことがほとんどです。

箱を開けた行為というものは、自分がしたことだとわかっていても、僕の記憶に刻まれてはいません。箱の中にあった車のおもちゃだけが、写真として残ります。「見た」と聞かれて「見てない」と答えるのは、怒られたくないからです。けれども、記憶についての質問に対しては、結果を想像せず、自分が見たままを答えてしまうのです。この時の気持ちは、衝動性や強迫性とは少し違います。

自閉症の人の場合、一つ目の質問に車だと答えた後も、自分自身では誘導尋問に引っかかったとは考えていないと思います。

見ていなければ、おもちゃが何かわからなかったはずだと言われたら、そうかと納

得はしますが、たぶん、似たような問題を出されれば、また同じように正直に答えてしまうでしょう。なぜなら、箱の中身を記憶しているのは僕ではなく脳なので、僕が嘘をついてはいけないからです。

このような記憶に関しては、自分の思いより、写真のように残っている記憶を正しく再現することの方が、自動的に優先されるという感じです。自閉症者で、そんな脳の仕組みを自分でなんとかできると考えたことのある人は、少ないのではないでしょうか。

普段、どのような思考をしているか、自分では気づかないものです。僕も、こんなふうに整理できるまで、長い年月がかかりました。

自閉症者は、人の表情やしぐさから物事を推測することが苦手な人が多いのでしょう。そのために記憶に頼るわけですが、とぎれとぎれの記憶からすべてを把握することなどできません。

決して他人を思う気持ちが足りないわけではないのです。みんなと仲よくしたい気持ちは、人一倍強いことをわかってください。

東田くん、私のしつこい質問にていねいに答えてくれて、どうもありがとう。これまでにハッキリしたことを、ちょっとまとめておきましょう。

私たちは「嘘」をテーマに話をしていました。過去二回のやりとりで私が気づいたのは、どうやら東田くんには「つける嘘」と「つけない嘘」があるらしい、ということです。

東田くんは、記憶に嘘はつけないと言います。ただし、ここでいう「記憶」は目で見たもの、映像として脳に残る種類の記憶ですね。私たちが例にあげたのは、箱の中にある車のおもちゃでした。

東田くんは、「箱の中を見た？」という質問には、「見てない」と嘘はつけるけど、「じゃあ、何のおもちゃが入っていた？」と聞かれたら「車」と見たままを答えてしまうということでした。そして、そこには「本当は黙っていたいんだけど、そう答えずにはいられない！」というような、衝動性や強迫性は関与していないのだ、と。ただ聞かれたままに答えてしまうのだ、と。なぜなら、東田くんの脳に車のおもちゃの記憶が「写真のように残っている」から。

つまり、「自分の思いより、写真のように残っている記憶を正しく再現することの方が、自動的に優先される」。これだと、頭に映像的記憶が残っている限り、自分がどんなに不利な立場に置かれようと、本当のことを言ってしまう結果になる。つまり、東田くんに、この種の嘘はつけないということですね。

これまで、自閉症の人は、質問者の思惑が読めないから、あるいは、自分がどういう立場に置かれているかわからないから嘘がつけないと考えられていたのでしょうが、東田くんの説明によると、どうも違うみたいですね。もちろん、自閉症にもいろいろな人がいるんでしょうけど。

それで、またしつこく質問しちゃうけど、東田くんは嘘がつけずに悔しい思いをしたことはありますか？　逆に、嘘をついてしまって後悔したことは？

嘘をつけずに悔しい思い、ついてしまっての後悔、どちらもない

嘘についてまとめてくださり、ありがとうございました。

僕は、これまで嘘がつけずに悔しい思いをしたことはありません。なぜなら、会話も満足にできない人間にとっては、うまく嘘をつけないなんて、ありがとうさえ思い通りに伝えられないことに比べれば、あまりにも小さなことだからです。

僕がパソコンや文字盤で思いを伝えている際には、文字に置き換えている間に、自分の頭の中を一度整理しているのだと思います。これは、瞬時に言葉を表出している話し言葉に比べると、かなり違いがあるのではないでしょうか。

ポインティングをしながら、僕がすぐに言葉を話しているように見えるかもしれませんが、頭の中ではパソコンの漢字変換のように、単語を確定する作業が必要です。

僕は思うと同時に言葉を発しているわけではなく、文字を見たり、指したりした後、

この言葉でいいと判断した文字や単語を読んでいるのです。

僕は文字盤を使わなければ、質問されても見たままを答えてしまいます。ポインティングしながらでは、この時と違う脳の回路を使うような感じで、頭の中の記憶についても、客観視できるようになっているのだと思います。

僕は、嘘をついてしまって後悔したこともないです。

他人と直接会話をすることが少ないのも理由のひとつだと思います。人に嘘をついたことは、もちろんありますが、後悔するような嘘ではなく、僕なりに一所懸命考えた結果です。

たとえ、人を助けるためであっても、嘘をつくと自責の念にかられるのではないでしょうか。そして、その嘘を隠すために、また嘘をつかなければなりません。

嘘をつく理由は、さまざまだと思いますが、嘘をつけないのと同じくらい、嘘をつくことにも苦労はあるような気がします。

自分だけは、本当のことを知っているからです。

東田くんは、自分の気持ちを伝える時、文字盤をポインティングしながら、頭の中でいっぺん言葉に組み立ててから、文字にしたり口に出したりする。こういう手順を踏むと、確かに、思わず嘘をつくなんてことは起こりにくいでしょうね。

逆に、私たちは嘘に限らず「なんであんなこと言っちゃったんだろうなぁ……」と後悔することがしょっちゅうありますが、東田くんの場合は、ひとつ嘘をつくにも一所懸命考えるというから、そういう思いはせずにすんでいるのかな。

そういや、失言を繰り返す政治家なんかを見ていると、もうちょっと考えてしゃべれないもんかね、とあきれることがあります。ああいう連中には、東田くんの文字盤を貸してやったらいいかもね（これは冗談です）。

東田くんは、「嘘をつけないのと同じくらい、嘘をつくのにも苦労はあるような気がします」と書いていました。実際そのとおりで、人間は嘘をつくから、みずからややこしい状況をつくってしまうし、世の中のいたるところで悲喜劇を生み出しています。

そもそも、人が嘘をつく理由は、自分の立場を守るためだったり、他人より優位に立つためだったりします。はじめから、人を騙そうとしたり貶めようとしたりしてつく嘘もありますが、そういうのは論外です。反対に、愛する人を守ろうとしてつく「美しい嘘」もあるかもしれません。でも、これはテレビドラマの中にはあっても、日常的にはあまりない気がします。

どっちにしても、自分を守ろうとしたり優位に立たせようとしたりすることは、浅ましいといえば浅ましいし、あまりほめられたことではありません。でも、人間はそんなに強くも立派でもないので、嘘をつかずに生きることはとても難しい。だから、嘘をつくたびに後悔する。

東田くんが書いていたように、「自分に正直でいたいと願うのが人間」であってほしいと私も思います。後悔しなくなったらおしまいです。

正直に生きられたら、素晴らしいとは思いますが、嘘をつかずに生きていくのは、現実には叶（かな）えられない夢ではないでしょうか。

理由は、二つあります。

一つ目は、嘘がとてもあいまいなものだからです。どうして嘘だとわかるのか、嘘だと判断するのは誰なのか、基準をもうけるのは難しいことです。大抵の嘘は、本人にしかわかりません。

そのうえ人間の脳は、都合よくできています。意識しなくても嘘を本当だと思いこむことさえあります。同じできごとでも、それが真実か嘘か、見方によって意見が分かれることもあるでしょう。

二つ目の理由は、嘘の中には、ついてもしかたない嘘が存在するということです。

誰に対して、どんな状況なら、その嘘は許されるのか、嘘をついた人の良心の問題になるのかもしれませんが、嘘をつきたくて、ついている人ばかりではありません。嘘をつくことで、自分を正当化しなければ、追い込まれることもあるでしょう。けれども、嘘が悪いものだと決めつければ、その行為が美しくても、嘘をついたという理由のために、すべてを否定されないか心配です。

僕は、どちらかというと、たまには嘘をついてもいいよ、と言われるくらいの方が安心します。

嘘というものを、悪意に満ちた犯罪と同じようにとらえるなら、そこには罪悪感と後悔しかないかもしれません。しかし嘘が、その人の逃げ場のようなものであるなら、少し休んで、また戻ってきてもらえれば、それでいいと思います。もちろん、人を傷つける嘘はいけません。

嘘をつけば、自分も悲しい気持ちになるのだとしたら、そこで罰は与えられているような気もします。

実際には嘘をついたことを反省する人ばかりではないのでしょう。それでも、人を許す社会を望むのは、僕が障害者だからだと思うのです。

嘘について

悪い思い出がないから、僕は嘘に寛容だと思う

東田くんと始めた自閉症の人に嘘はつけるかつけないかという話は、いつの間にか、嘘をつくのは良いか悪いかみたいな話になってきましたね。そして、私たち二人の意見は、そんなに違わないこともわかりました。

人は、嘘をつかずに生きていくのは難しいし、本人が気づかずにつく嘘もあれば、やむなくついてしまう嘘もある。そういう嘘まで責められたら、息苦しくてやっていられないだろう。自分に嘘をついた自覚があれば反省したらいいし、許せる嘘ならお互い許し合える世の中であってほしい。まとめてみると、まあ、こんなところかな。

要するに、良い悪いで割り切れる話じゃないってわけですが、私たちが重んじるのは、単純に言っていることが事実かどうかよりも、その人が自分に正直かどうかの方でしょう。自分の心に忠実であろうとした結果であれば、口から出た言葉がたとえ嘘

だったとしても、人はそれを責めないでしょう。

これは言ってみれば、倫理の問題ですね。何が人として正しい行いかという問題。これも今回の「嘘」問答を通して考えたことなんですが、東田くんはどこで嘘をつくことを覚え、どうやって嘘に関する常識的かつ良識的な考え方を身につけたのでしょう。

一般的なプロセスを考えてみると、子どもは大人に叱られるのがイヤで、あるいは褒められたくて嘘をつく。その嘘がバレて叱られ、嘘をついてはいけないと教えられる。そこでなんとなく、嘘はついちゃいけないんだと思う。でも、なんで悪いかはまだよくわからない。だから、またつく。そんなことを繰り返し、嘘をついたりつかれたり、人を傷つけたり傷つけられたりしながら大きくなるうちに、ああ、やっぱり嘘はよくないな、嘘をつくのは恥ずかしいことだと気づく。

東田くんは、子どものうちは他人と会話ができなかったわけだし、そもそも人に生まれたことが信じられないというぐらいだから、自分に嘘をつくとはどういうことか、なぜそれが正しい行いといえないかがわかるまでには、けっこう苦労があったんじゃないのかな。そうでもないですか？

嘘について

悪い思い出がないから、僕は嘘に寛容だと思う

僕が、どのようにして、このような考え方ができるようになったのか、自分でもわかりません。これまで、自分で自分の価値観や物のとらえ方を変えるために努力した覚えもないので、自然と身についたものではないでしょうか。

僕にとっての最初の嘘は、幼稚園の時だったと思います。僕は、その頃、みんなと違う自分が嫌でしかたありませんでした。どんなにつらかったか、誰にもわからなかったでしょう。

僕は、人になりたかったわけではなく、人にならなければいけなかったのです。言葉が話せなければいけない、友達と仲よく遊ばなければいけない、先生の言うことを聞かなければいけない。それなのに、僕は何にもできませんでした。

母は、いつも心配し、幼稚園でどうだったか、僕に尋ねてくれました。

みんなと同じことなんて、ひとつもできないくせに、僕は毎日こんなことができるようになったと、母に筆談で報告しました。それは、母を困らせたくなかったという以上に、自分がみじめな気持ちになりたくなかったからです。

僕にとって嘘は、現実逃避するための手段だったのだと思います。そんな嘘は、すぐにばれますが、母は決して僕を責めませんでした。それどころか、嘘を書かせてしまってごめんねと、僕に謝ってくれました。

考えてみれば、僕は嘘をついて親に怒られたという記憶がありません。なぜなら、僕が普通の子どものように話せず、筆談やポインティングで思いを伝えていたからでしょう。文章の内容より、自力で表現できることに重点を置いていたので、内容に嘘や間違いがあったからといって、両親から注意されることはなかったです。また、会話ができないせいで、嘘が原因で、直接人を傷つけたり、人から傷つけられたりしたことは、ほとんどありません。

僕の場合は、嘘で傷つくことがなかったからこそたどり着いた境地ではないでしょうか。

嘘について悪い思い出がないから、僕は嘘に寛容なのだと思います。

東田くんは、依頼された原稿の締め切りを守れなかったことがありますか？　私はあります。っていうか、ほとんど守れたことがありません！　いや、威張れたことじゃないですけどね。

でも、この連載は始まって一年を越えましたが、毎回ほぼ締め切りに間に合っています。まあ、一回の字数は少ないし、テーマは自由だし、書くにあたってそんなに悩むことないしね。それに、東田くんが待ってると思うと、これはもう遅れるわけにはいきません。

今日は、この原稿を入れて、三本の締め切りが重なってしまいました。なんていうと、売れっ子作家みたいですが、とんでもありません。だって、このうちの二本は最初の締め切りをとっくに過ぎていて、一本は一週間前、もう一本は二ヵ月前に書き上げていないといけなかったんだから。

つまり、初めから締め切りが重なっていたわけじゃなく、自分が書かないもんだから、いつのまにか仕事がたまって一時的に非常に忙しくなったと、ただそれだけのことなのです。だったら、さっさと書けばいいじゃないかって？　それがそうはいかないんだなあ、どうしたわけか。

かくいう私も、雑誌に書く仕事をもらうようになった当初、三十歳前後の頃には、しっかり締め切りを守って書いていました。ところが、なにかの拍子で間に合わなかったら、締め切りを延ばしてもらえた。次も間に合わなかったら、また待ってもらえた。そんなふうにして書いているうちに、週刊誌ならこれくらい、月刊誌ならこれくらい、隔月刊ならこれくらい……と、それぞれの雑誌によってどれだけ延ばしてもらえるか、だんだんわかってきちゃった。そうなると、ギリギリまで書かなくなっちゃうんだよね。出版社や印刷所のみなさんには、ご迷惑をおかけしちゃってどうもすみません。でも、さすがに原稿を落としたことはないよ。あ、これも威張れる話じゃないな。

締め切りの話はともかく、東田くんがいつもどんなふうに仕事してるのか気になったので、自分のことを書いてみました。

仕事をこなしながら、自由気ままな生活を送るのが僕の夢

僕は、自分で計画的に仕事をすることができないので、母から「今日は、これ書く？」と提案され、書けそうであれば、その仕事を仕上げるという感じです。

いつまでに、どんな仕事をしなければいけないのかは理解していますが、先のことをスケジュールにして実行することは、僕には大変です。

練習すれば、カレンダーに書き込むことは、できるようになるでしょう。けれども、僕にとって、それは見通しや自分を安心させる材料にはならないからです。たとえ、楽しい計画だったとしても、僕はスケジュールを立てることを望んではいません。人が立てた計画か、自分が立てた計画か、変更できるかどうかにも関係なく、僕は先のことを決めるのが嫌なのです。

外出先で、昼食の時刻や帰りの時刻などを聞いておきたいのは、みんなに迷惑をか

けないためです。

僕は、自閉症だから、必ずこういう支援をしなければいけないと考えている専門家の人が、あまりに多いことに驚いています。僕の場合、先の予定を決めると、それをやらなければいけないという使命感にとらわれすぎてしまいます。そのせいで自分ではなく、スケジュールのために毎日を過ごしている感覚になってしまうのです。

では、どうやって生活を管理するのかと思われるかもしれませんが、スケジュールを立てられさえすれば自立生活できるほど、僕の障害は軽いものではありません。

障害者支援は、何をすればいいかということだけではなく、当事者を苦しめている結果になっている支援はないのか、そういう点も見直す必要があるのではないかと考えています。

こんなふうに生活したいと伝えられることが、当事者にとって、何より重要ではないでしょうか。同じ障害名であっても誰一人、同じ人はいません。

現在の僕は、今日どう過ごせばいいのか、何となくわかっているという程度で満足しています。

自分の仕事をしっかりこなしながら、自由で気ままな生活を送るのが、僕の夢です。

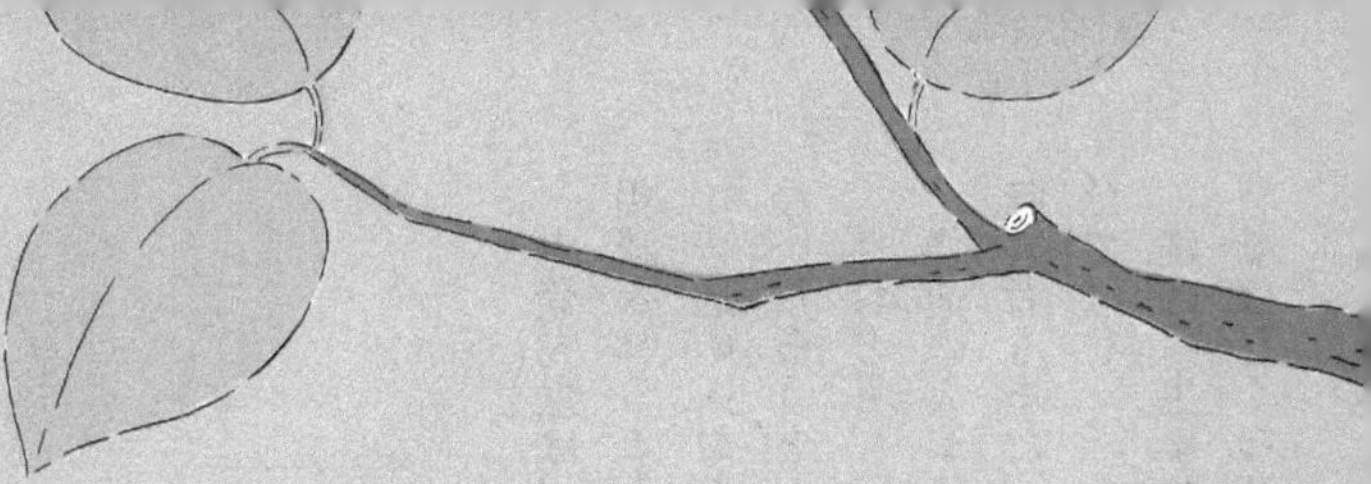

Ⅳ

自閉症者への対応とは？
自己愛とは？

二〇一四年七月～十一月

東田直樹↓山登敬之

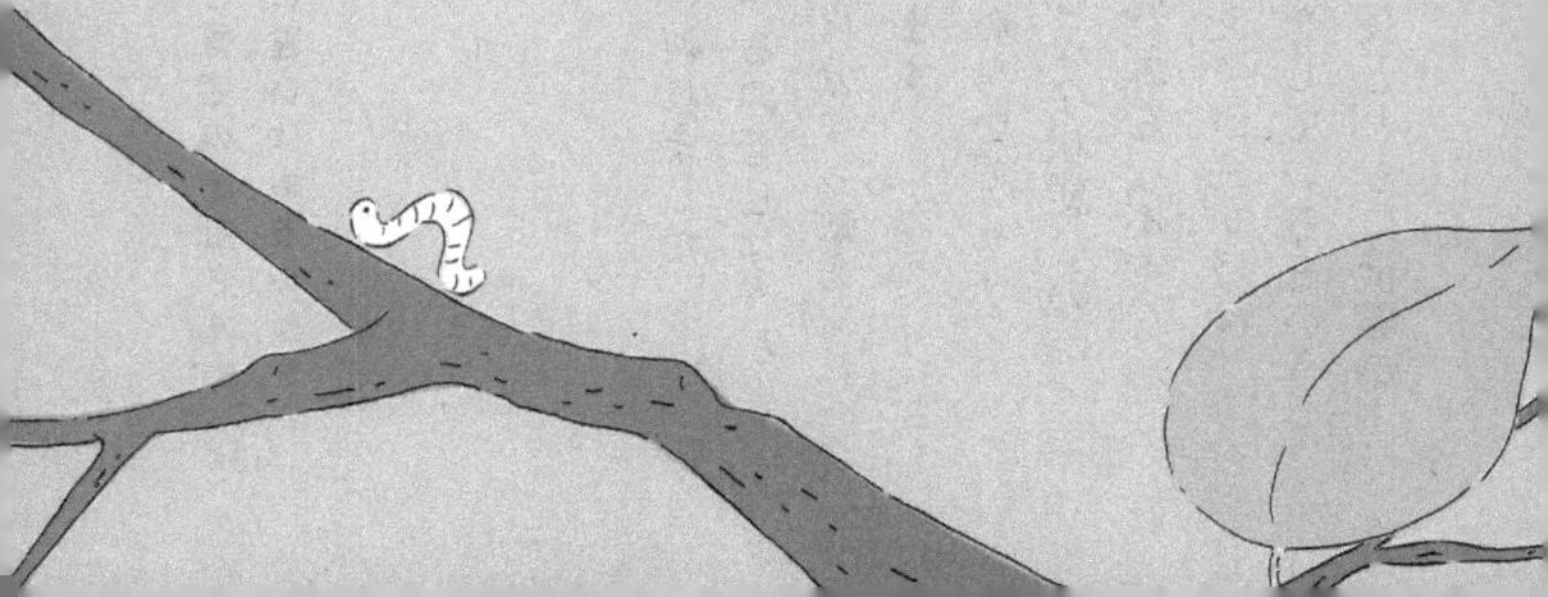

自閉症と普通の患者さんで治療方針に違いはあるのか？

山登先生は、がんばって生きている自閉症当事者から「すべてに疲れました」と、相談されることもあるかと思いますが、どのように答えていらっしゃるのでしょうか。

普通の人たちは、障害者の一所懸命な姿に感動すると言います。自分なら耐えられないだろうとか、障害者は特別に選ばれた人だという意見まであります。けれども、障害者の実際の生活がどのようなものか、理解してはいないでしょう。

普通の人が障害者の苦労がわからないのと同じように、普通がどんな状態なのか、障害者もまた、よくわかっていません。だからといって、障害者が、みんな不幸なわけではなく、不便はあっても、とても幸せに暮らしている障害者もたくさんいます。

僕は、生まれながらの障害者です。大人になり、自分だけが苦労をしているという認識はなくなりました。ある意味、普通の子どもと同じように、成長とともに世界が広がることで、障害者だから苦労するのではないということを学んだのだと思います。

振り返ってみると、一番つらかったのは小学校入学前後で、それからはだんだんと楽になっていったような気がします。

人生に絶望し、心が壊れかけた人の思いというのは、障害のあるなしには関係ないのではないでしょうか。僕は、そんな人たちの気持ちを想像するだけで胸が痛くなります。

本来の困難に加え、その子どもが成長発達する過程で、引き起こされる情緒行動障害を二次障害というようですが、自閉症者にとってもこのことは重要な問題です。

心療内科には、さまざまな患者さんが通院されていると思いますが、自閉症者と普通の患者さんで、先生のアドバイスや治療方針に違いはあるのでしょうか。

ゆっくり休むことが大切だというのは、よく聞きますが、それ以外に何をすればいいのか教えてください。

もしも、僕がそういう病気になったら、まず、どうすればいいのでしょう。

自閉症と普通の患者さんで治療方針に違いはあるのか？

最初の質問も気になるところですが、今回は自閉症の「二次障害」についてお答えしておきましょう。

自閉症に限らず、「発達障害」の意味するところは、脳神経系の発達に特有の傾向があり、その結果として日常生活や社会生活に支障を生じている状態のことですから、それだけでは「病気」ではありません。でも、発達に特徴があるぶん脳がデリケートにできていたり、社会的に少数派であるため不便や不自由を強いられることが多かったりします。

なので、その他大勢の人たちに比べ、毎日の生活でストレスを感じることが多く、心が壊れるリスクも高い。そこに悪い条件が重なって心の病気を発症した場合、これを「二次障害」と呼んでいます。

たとえば、自閉症の人だと、こだわりがいつも以上に強くなったり、興奮しておしゃべりが止まらなくなったり、逆に、ふさぎこんで動かなくなったりする。妄想や幻覚が出てきて、わけのわからないことを言ったりしたりなんてこともあります。こういう時には、薬を使って精神科一般の病気と同じように治療をします。

ただし、薬の種類や量は、自閉症のあるなしで異なることがあります。抗精神病薬（興奮や妄想、幻覚を鎮める薬）などは、自閉症の人には通常より少量で効くといわれています。また、環境調整をしっかり行い、悪い刺激を除いたり周囲が接し方を改めたりすると、意外に早く症状が消えることも多い。

もちろん、予防も大事です。しかし、自閉症の人は、自分の気持ちをうまく伝えられないことが多いので、SOSの発信が遅れがちです。そのぶん、援助にあたる人たちが気をつけてあげないといけません。その人にとってなにが悪い刺激になるか、どんな表情、態度、行動がSOSのサインなのか、情報を共有しておく必要があります。

東田くんは、ご家族をはじめ、周りにしっかりした理解者や応援団がいるから、病気になる心配は少ないんじゃないかな。それに、ひとつ前の手紙で「自由で気ままな生活を送るのが僕の夢」とか言っていたじゃない。そういう方向で努力している人は病気にはならないと思うな。

二次障害について詳しく教えてくださりありがとうございました。周りの人の接し方によっても、状態が違ってくるというのは、興味深いことです。

僕は、どんな対応をしてもらいたいかより、どのような態度で一緒にいてくれるかの方が大事だと考えています。もちろん両方が必要な人もいるでしょう。

僕の家庭では、自閉症者のための環境調整やスケジュール作成などは特に行っていません。

親御さんや支援してくださる方々の中には、自閉症者に対して、何をすればいいのかということばかりに注目し、普通に暮らすことを選択するのが、悪いことみたいに思われている方もいるような気がします。

自閉症者は十人十色といわれながら、障害名が同じなら、こういう支援が望ましいと画一化の方向に進んでいるのは、本当に間違いではないのでしょうか。

親子だからこそ何が大切か、わかることもあると思います。専門家は多くの自閉症者を知っているのかもしれませんが、一人として同じ人間はいないはずです。

僕は当事者として、自閉症者だからという観念にとらわれ過ぎないでほしいと願っています。きちんとした療育や取り組みをされてこられた人に比べれば、僕の言動は、まだまだ問題だらけかもしれませんが、そんな僕でも幸せを実感しながら、毎日を送ることができています。両親が僕のことで、苦しんだり泣いたりする姿を見ることも少なくなりました。

幸せのかたちは、一人ひとり違っていいと思っています。

すべてが管理された中で生きることを、僕は望みませんでした。そのために苦労もたくさんしましたが、後悔はしていません。

他人の意見に振り回されるから、生きることに疲れ果ててしまうのではないでしょうか。

思い通りに生きられないことが、自閉症の最大の問題ではありません。自分にとっての生きづらさが何なのかにさえ気づけないのが、一番の課題だと感じています。

自閉症だから
こうしなければ！という
画一的なやり方はない

私は時々、保健所や学校などから頼まれて発達障害の話をする機会があります。そういう時にはいつも、東田くんのこんな言葉を紹介しています。

「自閉症者は対応されなければいけない人間だということが、僕を悲しい気持ちにさせます」

自閉症に限らず、発達障害とわかった途端に、それではどうやって「対応」したら？という話になります。病気に治療法があるように、発達障害には特別の対応の仕方があるだろうというわけです。確かに、なくはない。

自閉症の子どもの療育、教育にあたっては、たとえば、こんなことが言われます。

一度に複数の情報を与えない。不用意に身体に触らない。「こだわり」をとりあげない。予定を変更する時は必ず予告する。行動のスケジュールを時間順に示す……。

これらは、いずれも役に立つヒントではありますが、すべての子どもに当てはまるわけでもないし、このとおりにしないといけないわけでもありません。東田くんの言うように、自閉症だからこうしなければ！　というような画一的なやり方などないのです。

それに、これらのヒントにしたって、子どもによっては、役に立たなかったり迷惑だったりするものもあるでしょう。前々回、原稿の締め切りの話題でやりとりした時、東田くんは「先のことを決めるのが嫌」と言ってましたよね。「先の予定を決めると、それをやらなければいけないという使命感にとらわれすぎてしまいます」って。

こういう当事者の気持ちは大事にされなくてはいけないと思います。子どもだったら、なおさらです。だけど、子どもの気持ちは大人にはなかなかわからない。自閉症だともっとわからなくなってしまう。だから、「対応は……？」ってことになるんじゃないでしょうか。

だけど、そもそも「対応」なんて言葉は、近しい間柄で使われるものではありませんからね。そういう態度で相手をされる子どもが可哀想です。

対応という言葉に傷つく人がいるのではないかという山登先生のご意見に、僕も賛成です。

僕は、ときどき怒っているように見えることがあるようです。

先日、ボーリングに行った際、ボーリングシューズを持って行くのを忘れてしまいました。ボーリング場でシューズを借りることもできましたが、わざわざ家まで取りに戻ったのは、いつもの自分のシューズに、僕がこだわったからです。その時一緒にいたヘルパーさんは、騒いでいた僕に対して「そんなに怒らなくても、大丈夫だよ」と、優しくなだめてくれました。

しかし、僕は怒っていたわけではなく、いつもと違う状況に驚いていたというのが、正直なところです。誰でも、思いがけないことが起きた時、すぐに納得はできず慌てたり、取り乱したりするのではないでしょうか。

僕の場合も同じです。ただ、みんなのようには急な変化を受け入れられず、じたばたしている状態から抜け出せなくて困っていたのです。だから、怒っていると言われると、僕の気持ちとは、ずれがあるような気がします。

観察した結果には、間違いもあります。観察している人も、人間だから、しかたないのかもしれません。

怒りをぶつけられると、人は恐怖を感じるものです。当事者の態度によっては、支援者の心に憤りや憎しみを生むのではないでしょうか。僕は、そのことが心配なのです。

自閉症は、どのような障害か研究が進んでいると思いますが、調査や分析が進めば進むほど、対応ばかりが注目されるのではないかと危惧（きぐ）しています。それは、本当に自閉症者にとって幸せなことなのでしょうか。

もしも、かかわってくれる、すべての人から同じ対応をされたら、僕は人生に絶望するでしょう。

ヘルパーさんに嫌な思いをさせたのかもしれないと、悩む人間らしさがあるからこそ、僕は生きていけるのです。

以前にも、東田くんと、言葉とコミュニケーションの関係について議論したことがありますね。

顔の表情や身振りなども、人間同士のコミュニケーションの手段です。これらは言葉を使わない非言語コミュニケーション。自閉症の特徴である、いわゆる「コミュニケーション能力の障害」には、表情や身振りによるやりとりが上手にできないことも含まれます。

自閉症の人が何を考えているのかわからないと言われてしまうのは、その時の感情がうまいこと顔に表れないからでしょう。もちろん、自閉症の人だって、泣いたり笑ったり怒ったりするわけですが、それが一般の尺度に合わないために、その場面にふさわしくないものとして受け取られてしまうのです。

今回の例でも、東田くんは「困っている」のに、ヘルパーさんには「怒っている」ように見られてしまった。たぶん、私がその場にいても、ヘルパーさんと同じように感じたと思います。「東田くん、どうしたの？ なんで怒ってんの?!」って。

それは、ヘルパーさんも私も発達マジョリティに属する人間だからであって、こっち側の尺度で東田くんの表情やふるまいを「観察した結果」、そういう判断になってしまうのです。でも、それは東田くん側からすれば「間違い」ってことになる。それは、そうだよね。東田くんの気持ちは東田くんにしかわからないから。

でも、それを言ったら、みんな本当は何を考えてるかなんてわかりませんからね。ずいぶん前に、プロレスラーのまねをする芸人の「キレてないっすよ」というギャグが流行(はや)りましたが、あれがいい例です。

怒っているように見えるけど、本当は怒ってない。怒ってないと口では言うけど、実は怒っている。人の気持ちと表情、言動は、一致するとは限らない。自分の気持ちを相手に伝えたいと思ったら、誰もがそういう「障害」を乗り越えなくてはいけません。

僕は、人から注意されたことを、すぐに忘れてしまいます。

「しっかり覚えて」と言われますが、覚えられなくて困っているのです。みんなは意識すれば記憶に残ると考えていますが、それが簡単にできない障害もあります。中には、やればできる、ぜひ、そうしてほしいという願いから、覚えることを要求する人もいるでしょう。

人は、外見ではわからない障害に、とても厳しいと思います。

病気やけが人に親切にしたり、弱者を守ってあげたりする気持ちは、誰でももっています。しかし、無条件に助けるのは、自分がかばわなければならないと感じた時だけではないでしょうか。

その理由として、目で見える不具合というものは、容易に想像しやすいため、ということがあげられます。

どれだけつらいか、痛いかは、一度でも似たような経験があれば、たやすく想像できると思います。けれども、見ただけではわからない病気や障害は、なかなか共感することができません。そのために、つい自分を基準に判断してしまうのでしょう。

重度の自閉症者の場合「しっかり覚えて」と言われたあと、「わかった？」と念を押され「『はい』は？」という返事まで要求されることが多いです。

僕が、そこで「はい」という返事ができたとしても、自分の意志ではありません。言わされているか、オウム返しで答えているだけです。なぜなら、覚えられないのは、自分が一番よく知っているからです。そのうえ、素直に返事をしなければ、その場から解放されないことも学習しています。僕と同じような状況の障害者もいるのではないでしょうか。

教える方も教えられる方も、どちらも一所懸命なだけに大変だと思いますが、想像ではわからないことがあるという事実を、みんなにもっと知ってもらいたいです。

自閉症者が、何ができて、何ができないのか、まだまだ研究不足のような気がします。

私たちは、往々にして、自分ができることは他人もできると思いがちです。東田くんの言うように、見た目に障害のある人が相手だったら別でしょうけど。たとえば、車椅子を使っている人のことを、自分と同じぐらい速く走れるとは考えませんよね。学校の先生だって、みんなと同じように立って走りなさいとは言いません。

ところが、発達障害や精神の病気など目に見えない障害となると、こうはいかないわけです。特に、要求されることが、ふつうにできて当たり前と思われてたりすると、「なんでできないの！」と叱られちゃうこともある。

東田くんが困っている記憶の問題についても、「しっかり覚えて」と言う方にしてみれば、そんなに難しい要求をしているつもりはないのでしょう。例をあげれば、

「明日(あした)までに円周率を百ケタ覚えてきなさい」とかいう難題ではなく、「連絡帳を家でお母さんに見せて、サインをもらってきなさい」ぐらいのレベル。

でも、これぐらいのことでも覚えられない、というか、すぐ忘れちゃう人はいますね。言われてからちょっとの間は覚えている、言われれば思い出す、でも、自分では思い出さない。大事な約束も忘れちゃうから信用を失う。勉強や仕事にも差し支える。

こういうケースは、ＡＤＨＤ（注意欠如多動性障害）やＬＤ（学習障害）で多く見られます。これらの障害は自閉症にも合併しやすいので、東田くんのように困っている人も少なくないでしょう。ただし、自閉症の場合は、逆に優れた記憶力をもつ人もいるので、一概にはなんとも言えません。東田くんも、日付の記憶には強いんじゃなかったっけ。

一口に記憶といっても、目で見て覚える、耳で聞いて覚える、いらないことはさっさと忘れる、必要な時だけ思い出すなど、種類も働きもいろいろです。それぞれの場合で、機能している脳の場所も違うし、記憶を貯蔵したり引き出したりするやり方も違うらしいんだけど、これ以上のことは、調べないと書けないので、また別の機会に。

自分のことを好きだといえる人は幸せ

自分のことを、好きだと言える人は幸せです。誰からも、そう言ってもらえなくても、自分で自分を好きになれれば、人は生きる意味を見失わないからです。自分を好きになれないのは、親からの愛情が足りなかったせいだと指摘する人もいるかもしれません。けれども、人の育ちにおいて重要なことは、親の愛だけではないと僕は考えています。

愛情いっぱいの家庭であれば、子どもは幸福に違いありませんが、そんな子どもだけが、立派な大人になれるわけではないでしょう。恵まれない環境で育っても、素晴らしい成功を収めた人や、幸せな大人になった人もたくさんいます。

自分を好きになるためには、自分自身と向き合う気持ちも必要になってくるのではないでしょうか。

自分の心と向き合うというと、外界との接触を避ける、心を閉ざして考えるというイメージがあるかもしれません。しかし、実際は誰かと語り合ったり、触れ合ったりする中で、どう生きるべきか、答えが見つかるものだという気がします。

自分を肯定できるようになり、僕は自分を好きになりました。

困った行動は、すべて障害のせいだと言いたいわけではありません。どんな自分も自分なのだと、受容できるようになったのです。そんな心境にたどり着くことができたのは、自分の気持ちを他の人に届けたいという思いを、持ち続けられた結果ではないでしょうか。

人が何かを伝えようとする時には、言葉を組み立てなければいけません。僕は、人と会話できるようになって初めて、コミュニケーションとは、自分の気持ちを話すだけでなく、相手の気持ちを受け止めることだと理解しました。それは思いもよらない出来事でした。僕の脳にとっても、心にとっても。

このような葛藤を通して、言葉を交わすことの意義や、自分の気持ちに正直に生きる大切さがわかりました。

自分をもっと大事にしなければいけないことを学んだのです。

自分のことが好きだと言える人は、たしかに幸せかもしれないけど、なかには問題のある人もいます。根拠もなく自信家で、たいした仕事もしてないのに自慢ばかりしている。自分がいちばんエライ、丁重にもてなされて当然とでも思っているらしく、まわりにチヤホヤしてもらえないと機嫌を悪くする。他人に対しては見下した態度をとり、自分の利益のためなら人を利用するのも平気。

まあ、ここまでひどくなくても、自分がすごくデキるとか、カッコイイとか、モテるとか思いこんでる、いわゆる勘違い野郎。「あいつ、どんだけ自分が好きなんだよ」なんて、陰口をたたかれちゃう。そういうやつがけっこういるんだな、世の中には。

ああ、東田くん相手に、こんな話はしたくないなあ。自分がなんだかすごく汚れているような気がする。でも、そうだ、こういう感情も「障害者を純粋だと思いたい幻想」の一種かもしれないから、気を取り直して話を続けましょう。

自分が好きという感情は、自己愛の表れであって、それ自体は悪くありません。というより、誰もが生きていくうえに必要なものです。自分で自分を肯定することができないと人生はつらいものになるし、そのためには自己愛が健全に育ってくれないと困ります。

自分の子どもしか目に入らないような親に思い切り甘やかされて育った子は、自信過剰でワガママな、いやーな大人になるかもしれない。もちろん、家庭環境だけでなく、その後の経験も影響します。自信のもてない反動から自分はデキると思い込み、無理に自己愛を膨らました結果、同様のパーソナリティができあがることもあります。

これを避けるためには、東田くんの指摘するとおり、「誰かと語り合ったり、触れ合ったりする中で」自分と向き合い、「どう生きるべきか」の答えを探す努力が必要です。そして、「相手の気持ちを受け止めること」の大切さがわかるまでは、うかつに「自分が好き」などと思わないほうがいいでしょう。

前回の手紙で、山登先生が「相手の気持ちを受け止めること」の大切さがわかるまでは、うかつに「自分が好き」などと思わないほうがいいとおっしゃっていましたが、僕はその言葉が、気にかかっています。

自分を好きだという気持ちは、本人が決められるものなのでしょうか。

僕は、なかなか自分を好きになれなかった人間です。だからかもしれませんが、自分が好きかどうかを、自分で決められるとは考えていません。

思いは、あふれ出てしまうものではないでしょうか。

自分のことを好きになれなくて苦しんでいる人は、世の中にたくさんいるような気がします。自分の存在そのものを、この世から消したいくらいつらくて、どうして生まれてきたのか、答えのない問いを自分に出し続けてしまいます。

僕もその答えを、誰かに聞きたかったわけではありません。自分を嫌いだという感情に向き合えず、ただ逃げ出したかったのです。

自分を好きになるのに条件が必要なら、それは思いではなく資格になります。言動のコントロールが難しかった僕に、自分を好きになる資格などありませんでした。見かけでは、僕は最低の人間です。僕がいつ自分を好きになったのか、今振り返ってみると、長い時間をかけて少しずつだったのかもしれません。

「嫌い」を「好き」に変えることは難しいです。僕の場合は、好きだという気持ちを膨らませて、嫌いという気持ちよりも大きくしていきました。

その方法は、誰かに教えてもらうものではありません。土の中に埋めてあった種が、お日様の光や空から降ってくる雨のおかげで芽を出し、ぐんぐん成長し、最後にはきれいな花を咲かせるみたいなものだからです。

心の中に一つずつ、花が咲くのを実感できた時、僕は自分のことを好きだと感じるようになったのだと思います。

東田くんが気にかかったという私の言葉は、皮肉のつもりで書いたのですが、うまく伝わらなかったみたいですね。混乱させちゃったみたいで、どうもすみません。皮肉といっても、もちろん、東田くんに対する皮肉じゃありません。自分とちゃんと向き合ってもいないのに、自分が好きと思い込んでる人たちに対して、です。

私の場合は、なるべく「自分のことが好き」と思わないようにしています。そういう方向に自分を許すと、つい調子に乗ってみっともないマネをしかねないからです。だから、この皮肉の矛先は、ちょっとばかり自分の方にも向いています。

東田くんと違って、私はなんの苦労もなく子ども時代を過ごしました。いや、全然なくはなかったのですが、それは人並み、どんな子どもでも経験するようなことです。子ども時代の私は、親には可愛がられたし、学校の成績はよかったし、友達も大勢いました。だから、自分にバツをつけずにすみました。劣等感もまた人並み、特に自分を嫌いになる必要はありませんでした。

待てよ、こんなことを書いていると、どこかから石が飛んできそうだな。東田くんにも誤解されるとイヤだし。でもまあ、ここは正直に書いておきましょう。

自分を嫌いだったという東田くんが、他人とのかかわりを通して自分を好きになれたことは、とてもよかったと思います。しかも、種が芽を吹き、葉を伸ばし、花を咲かせるように、という自己肯定感の育ち方が、自然な感じで実に素晴らしい。

しかし、私のように、最初から自分にマルがついている人間は、常にブレーキをかけておかないと危ないのです。自己愛が強すぎると、物の見方を誤ったり他人を傷つけたりするおそれがあるからです。

それと、これは蛇足だけど、「見かけでは、僕は最低の人間」なんて、お母さんを悲しませるようなことを書いたらいけないよ。東田くんはハンサムだよ、少なくともオレよりは。いや、これは皮肉でもなんでもなく。

自己愛は起源も頼りなければ、育てるのも大変

前回の山登先生のご意見は「自己愛が強すぎると、物の見方を誤ったり他人を傷つけたりするおそれがある」ということでした。それなら、ほどほどに自分を好きになればいいのでしょうか。

僕は、自分に対する愛と、他人に対する愛は、別のものだという気がしています。

どちらも「愛」と、ひと言で表現されてはいますが、自分への愛は、自身の心身を守るためのものであり、他人に対する愛は、自分がその場所で生きるために必要な感情だと思っています。

僕にとって、大事なことは、まず自分を好きになることでした。

それができなければ、僕は人生に絶望し、自分で自分を傷つけようとしたでしょう。つらくて、寂しくて、自分の存在を消したいと考えたに違いないのです。そうでなけ

れば逆に、誰かを攻撃していたかもしれません。自暴自棄になり、奈落(ならく)の底に落ちるみたいに、ひどい人間になっていたでしょう。誰かを傷つけたいわけではなく、自分が楽になれるような気がして人を傷つけるのです。

自己愛が強すぎても、人を傷つけることがあるかもしれませんが、それは、自分に対する愛が強いのではなく、他人に対する愛が足りないのだと思います。

人は、どこかで妥協するという行為を繰り返す必要があります。そうしなければ、いたる所で争いになるからです。

自分が楽しいと感じることばかりしていては、必ず誰かと摩擦がおきます。我慢したり助け合ったりしながら、人は生きていかなければなりません。

自分への愛が足りなくても、他人への愛が足りなくても大変です。しかし、どちらも多すぎるからといって、困ることなどないでしょう。

人が生きるための活力は、やはり愛です。だから僕は、自分に対する愛が、たとえ強くても、かまわないと思うのです。

山登先生は、前号で「自分にブレーキをかける」という表現をされていましたが、ブレーキが必要な人と必要でない人の差は何でしょう。

自己愛は起源も頼りなければ、育てるのも大変

なぜ「自己愛が強いと物の見方を誤る」のかといえば、自分を可愛いと思っていると、足下ばかり気にして周囲に目が行かなくなってしまうからです。その結果、他人をないがしろにしてイヤな思いをさせてしまう、「他人を傷つけるおそれがある」というわけです。

たしかに「ほどほどに」好きになれたらいいのでしょうが、およそ「愛」に関しては、この「ほどほど」が難しい。東田くんが前に書いていたように、「思いはあふれ出てしまうもの」だからです。それに、自分をたくさん愛している人間が、他人を同じだけ愛せるかっていったら、これもまた難しいですからね。

オギャア！　と生まれたその時から、自分のことが好きだった人間はいません。人は、自分に注がれた愛を頼りに、自分を好きになることを覚える。とはいえ、その愛

は他者(自分とは別の存在)からもらうものだから、こちらの思うようにはなりません。生まれた家や環境に恵まれ、親に大事に育てられた子どもは、その経験を通じて自分を好きになることができる。しかし、世の中には、親から放っておかれたり、愛の体裁をまとったエゴを押しつけられたりして育つ子どももいる。そういう子にとっては、自分を好きになるのも他人を好きになって仲よくなるのも、簡単なことではないでしょう。

慌てて補足しておくと、東田くんはこれにあてはまりません。東田くんの場合は、自閉症という特別な事情があったため、自分を好きになるまでに時間がかかったという話ですから。

それで、要するに私が言いたいのは、自己愛という代物は、このように起源も頼りなければ育てるのも大変で、さらに出会った相手次第ですぐにグラグラしてしまうものだということです。だから、あまりあてにしてはいけない、と。

うーん、またやっかいな話になっちゃった。でも、「愛」について東田くんと語り合うなんてスリリングだな。最後の質問に答える字数がなくなっちゃったけど、これは宿題にさせてください。

山登先生のお話の中にあった「愛」が、人から与えられて育つものだ、ということはわかります。けれども、注がれた愛は、自分の思うようにならないという意味が、僕には理解できないのです。

「親から放っておかれたり、愛の体裁をまとったエゴを押しつけられたりして育つ子ども」というのは、愛を注がれたのではなく、虐待を受けたのではないでしょうか。一見、愛情にも見える虐待は、健やかな成長を促す愛と混同しやすいために、注意が必要なのかもしれません。間違った愛を注がれて育った子どもが「他人をないがしろにしてイヤな思いをさせてしまう」「他人を傷つけるおそれがある」のだとしたら、余計に正しい愛を知る必要があるような気がします。

こんなふうに書いていますが、僕は基本的に愛に善悪はないと思っています。

たとえ、その子にとって、結果的にゆがんだ愛だったとしても、無視されるより、ずっとましだからです。

その愛が適切かどうか、判断するのは誰なのでしょう。子どもが正義感の強い責任感のある大人になれば、証明されるのでしょうか。同じような環境で育っても、立派な大人になる人もいれば、犯罪者になる人もいます。悪い大人になったのは、親の育て方や愛情が原因だと決めつける人がいますが、僕は釈然としません。

愛を注ぐことに問題があるのではなく、どのように愛を受け取ったのかが重要ではないかと考えています。人から見れば、ゆがんだ愛でも、子どもにとって、それが自分への真実の愛だと思えたなら、子どもは健全に育つはずです。

みなさんは、僕の両親が申し分ない愛情で育てたから、今の僕が存在すると想像されているのかもしれません。両親が、僕のことを一所懸命に育て、愛してくれたのは事実です。しかし、そこに「正しさ」や「過不足」という表現は似合いません。両親は、ただ真っ直ぐに僕を愛してくれました。

愛は、求めれば得られるかといったら、そうとは限りません。それに、自分の望むとおりに愛してくれる他人など、はじめからいやしません。そういう意味で、人は自分に注がれる愛を選ぶことはできないのです。

幼い子どもは愛のなんたるかを知りません。自分に向けられた感情を、愛と呼ぶにふさわしい好意に満ちたものかどうか判断できるようになるには、時間がかかります。大人になってもわからないことだってあります。

しかし、子どもは成長するうちに、親以外の人間と出会い、愛を知ることができます。親に虐待されたり捨てられたりした子どもであっても、たとえば、養護施設に引き取られた後に職員や友人たちとの生活を通じて、友情や愛情といった温かい感情を育む（はぐく）ようになる。こういう例はいくらでもありますね。

そう考えると、親の愛情は子どもにとって非常に重要ではありますが、長い人生を考えると絶対的なものとはいえないでしょう。確かに、東田くんの言うとおり、「悪い大人」になったからといって親の育て方や愛情が原因と決めつけてはいけません。ただ、親の愛に「善悪はない」かというと、これは難しい問題です。人の感情は目に見えないし、それを愛と呼ぶに値するかどうかは、誰にも量ることができません。では、私は何を指して「ゆがんだ愛」というか。それは、行為においては倫理的に間違っていても、もとにあった感情は愛としか言い表しようのないもののことです。男女間の情痴のもつれによる殺人事件などには、こういった例が少なからずありますが、親子でいえば近親相姦（きんしんそうかん）もそうです。そのほとんどは性虐待にあたるのでしょうが、一部には当事者が互いの感情を愛と認めるケースがあります。

小説の世界だけの話ではありません。実際に私は、そういう関係の中で育ち大人になった女性を知っていますが、彼女は相手の愛をまったく疑っていなかった。しかし、深く病んでいた。その結果ゆえに、これはやはり「ゆがんだ愛」と表現するほかないのです。

人間は繊細で弱い動物、この地上を支配しているのが本当に不思議

すごく楽しいことがあった時、僕は笑顔になるだけでなく、泣きたいような気分になることがあります。心が揺れるせいだと思うのですが、山登先生はそういう気持ちになるのは、どうしてだと思われますか。

僕は、人には心があるからだと感じています。当たり前だと言われるかもしれませんが、心はとてもやっかいなものだという気がします。ちょっとしたことで変化するし、どうしようもない気持ちになることもたびたびです。

僕は、ずっと言動のコントロールができなくて困っていましたが、心は自分のものだと自覚していました。でも、それは、僕が心の健康をそこなわずに生きてこられたからだと、大人になって知りました。

落ち込み、自暴自棄になっても、ある程度時間が経てば、僕はまた、元気を取り戻

すことができました。

心の病気は、医学的に何らかの原因を見つけられるのだと思いますが、それは結果であって、同じような状況でも、病気になる人とならない人がいます。自分を肯定できる力や、親の愛情なども関係しているだろうことは想像がつきます。

けれども、それだけではなく、もっと違う角度から心というものを分析できれば、悩んでいる人の助けになるのではないでしょうか。

自分で自分の心を、縛りつけている人に出会うことがあります。

心を解放するために、人は哲学や芸術に救いを求めるのかもしれません。人間ほど繊細で弱い動物はいないにもかかわらず、この地上を支配しているのが本当に不思議です。

僕は、誰しも強くなりたいのだと考えています。

心が揺れるのが悪いのではなく、自分が間違えるのが怖いのではないでしょうか。間違えたとわかったとたん、罪悪感にさいなまれたり、自分が嫌になったりする人もいます。心が揺れるだけではなく、嵐のように大荒れになり、壊れることもあるでしょう。

いつも人は、数えきれない感情の中で、もがき続けている動物なのかもしれません。

この夏、NHKで放映された東田くんのドキュメント、『君が僕の息子について教えてくれたこと』を観ました。

とてもよい番組だったと思いますが、あの中で私がいちばん好きなのは、東田くんが桜について語るところです。残念ながら、東田くんの声は聞けなかったけど、次のようなテロップとナレーションが入っていました。

「僕は桜を長く見続けることができません。桜を見ていると何だか胸がいっぱいになってしまうのです。繰り返す波のように心がざわざわとかき乱されてしまいます」

東田くんは、桜が大好きとも言っているけど、ずっと見ているとこんなふうに心が揺れてしまうんですね。すごく楽しいのに泣きたい気分になるっていうのは、これに似た感じでしょうか。

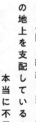

これは私のような発達多数派には、めったにない感覚だと思いますよ。私も桜が好きだし、毎年楽しみにしていますが、「ああ、今年もキレイに咲いたなぁ！」とうれしくはなっても、心をかき乱されることはありません。だから、桜の美しさをそこまで深く感じられる東田くんが羨ましい。

と、これもまた私の勝手な言い草ですが、一方では、そんなに敏感だったらいろいろ大変だろうな、とも思います。感覚が鋭敏すぎると、情緒も不安定になりがちだし、精神のバランスを取るのに多くのエネルギーを必要とします。逆に言えば、この世界を生きるには鈍いほうが楽なのです。

東田くんが、桜の花に震える心を持っているのは、自閉症だからかもしれないし、そうでないかもしれません。一般にも、そういう心の持ち主はいるでしょう。特に芸術畑にはたくさんいそうです。また、心の病気になる人も、別の意味で繊細な心の持ち主です。これは個人の資質としか言いようがありません、今のところは。

それにしても、「人間ほど繊細で弱い動物はいないにもかかわらず、この地上を支配しているのが本当に不思議」とは、まったくもってそのとおりですね。私も同感です。

心の病気になるのは、繊細な人が多いのかも知れません。繊細というイメージは、いい意味でも悪い意味でも使われています。僕は、心が揺れてしまうことはあっても、自分のことを繊細だとは思っていません。

他人からどのように見られているか、気になってしかたなかった時期も確かにありました。もしかすると、だんだんと心が強くなったのでしょうか。

僕が作家としてデビューしたのは、十二歳の時でした。自閉症という障害を抱えていることもあり、当時はいろいろなメディアで取り上げられましたが、僕自身は、自分が出ているテレビ番組を観るのが嫌でした。なぜなら、自分が自閉症であることを思い知らされてしまうからです。

自分で、自分のことを普通だと思っていたわけではありません。しかし、これほどおかしな言動をしているとは、考えていませんでした。画面で見る少年が僕だと知って愕然（がくぜん）としたのです。なぜ、あんな奇妙なことをするのだろうという疑問を、僕自身も感じました。

それは恥ずかしいとか、見られたくないという気持ちとも、少し違うような気がします。みんなが、自分の小さい頃のビデオを見ている感覚に似ているのかもしれません。

それまでの僕は、自閉症だということに対して、自分の感情にふたをしていました。でも、それではいけなかったのです。僕が自閉症だという事実は一生変わるものではなく、自分が何者であるかという意味において、重要な答えのひとつだったからです。

僕は、見たくない現実を突きつけられ、まるで追い詰められたネズミのようでした。チューチュー泣いて、くるくる回りたい気分でした。そんな僕を、広い野原に逃してくれたのは、当時の番組をご覧くださった多くの方々です。

僕の生き方に共感してくださり、励ましの言葉をくださいました。

みなさんが僕の背中を押してくださったのです。

僕は、そこから脇目もふらず走り出します。

東田くん、実は私も何度かテレビに出演した経験があります。自分が自意識過剰なのはよくわかっているのでよした方がいいと思うのですが、依頼があるとついオーケーしてしまいます。

収録の日まではどこかソワソワ、ワクワクで、テレビ局に出向く当日も遊園地に行くような気分。それはそれで楽しいんだけど、家に帰ってからが大変です。なにかヘンなこと言ってなかったかな、ちゃんと映ってるかな……と、そんなことが気になってしかたがない。いや、もとがこの程度だからちゃんとも何もないんですが、それでもやっぱり自分がカッコ悪く見えるのはイヤなんだな。

悶々（もんもん）としながら待つうちに放送日がやってきます。番組はいちおう観ますが、気分はほとんど恐いもの見たさ。自分の姿はまともに見られません。テレビ局の人から録画のDVDをもらっても、その先まず見ることはありません。

じゃあ、出なきゃいいじゃん！　って言われたら、それはもうホントそのとおり。でも、十年に一度か二度のことなので、次にテレビ局から電話がかかる頃には、熱さもとっくにのど元を過ぎてしまっているのです。

それにしても、なぜ私は懲りずにテレビに出てしまうのか。理由はいくつかありま す。まず、テレビ局のスタジオが、非日常的な明るさと緊張感に満ちていること。あれは、あの場所でしか味わえない独特な感覚です。それから、それこそテレビでしか見ないような人たちに、ナマで会えること。このチャンスを逃したら二度と会えない！　って人には、やっぱり会いたいと思ってしまう。

そして、これがいちばん大きな、かつ自分では認めたくない理由ですが、私の中に有名になりたいという気持ちがあること。なにしろ、私も人の子ですし、テレビというのはもっともお手軽に有名性を保証してくれる装置ですからね。それについ乗っかってしまうのでしょう。

このテーマは、このあいだまで私たちが議論していた「自己愛」と深く関係がありますから、続きはまた次回に。

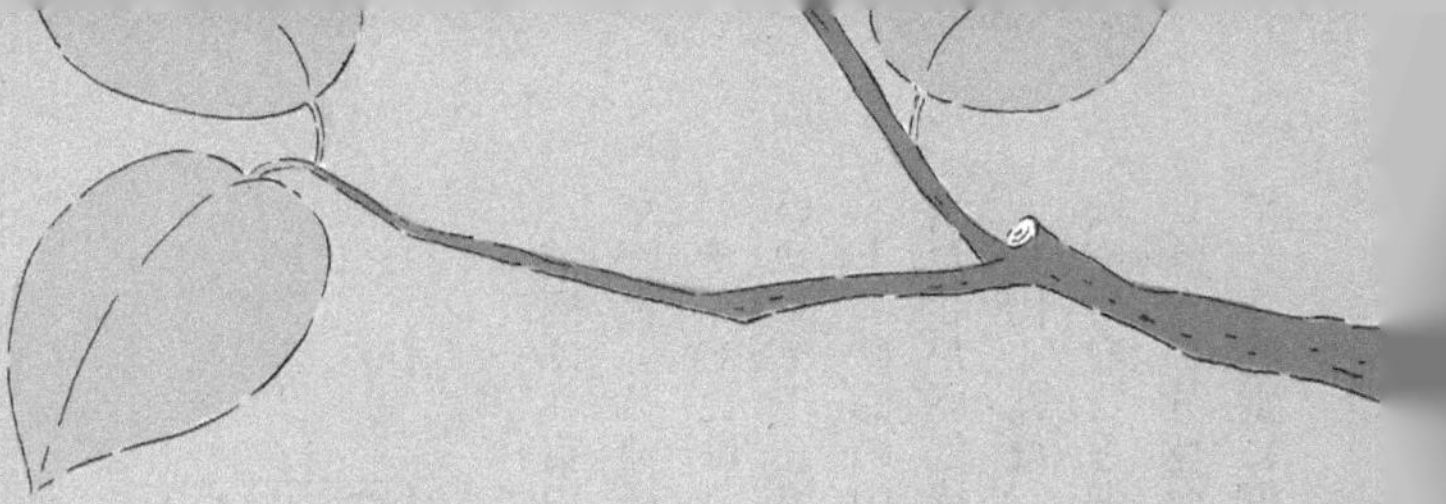

V
自分を意識する不思議さ、支援とは？

二〇一四年十二月～二〇一五年五月

山登敬之↓東田直樹

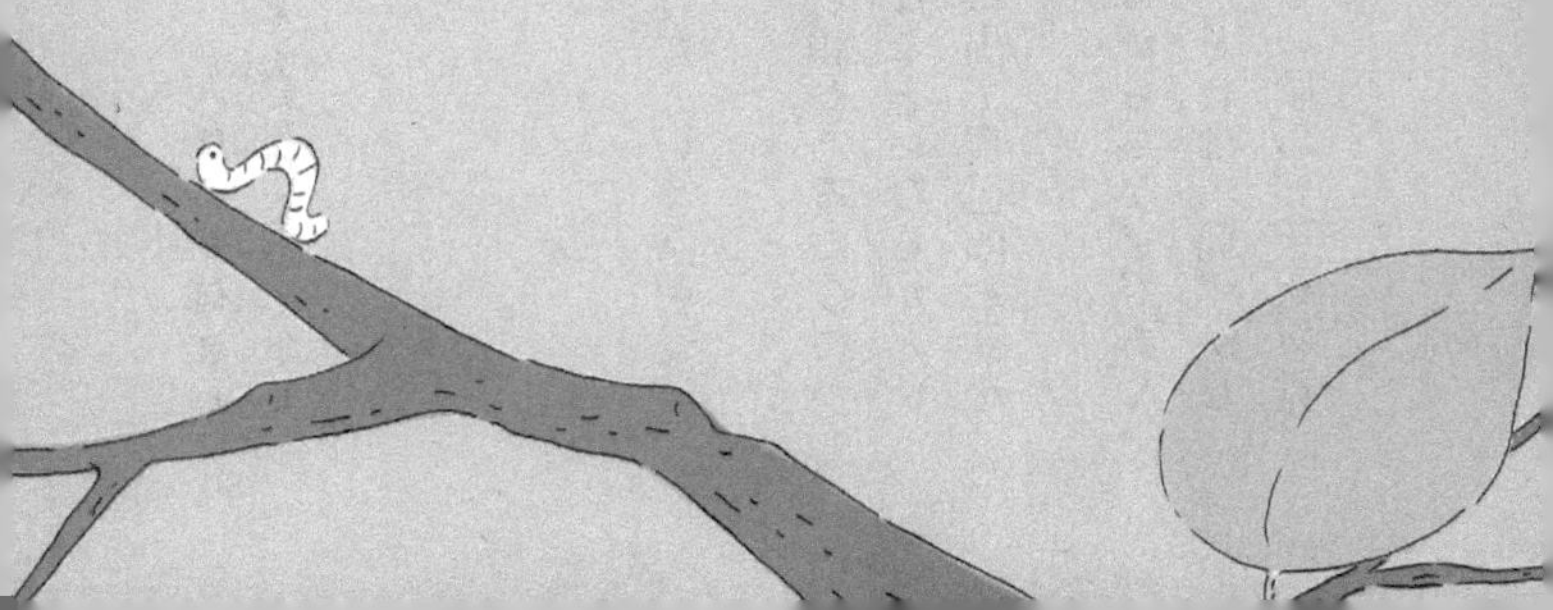

人は己が何者か、その判断を人にゆだねている

前回は、東田くんが自分の出ているテレビ番組を観るのが嫌だったという話を受けて、私も体験談を書いてみました。

テレビに映った自分の姿は見たくないにもかかわらず、出演の依頼があるたびについオーケーしてしまう。これは私のほうの事情ですが、なぜこんなことになるかというと、画面の中にカッコ悪い自分を見たくない気持ちと、テレビに出て自己顕示欲を満たしたい気持ちがぶつかるからでしょう。

東田くんは、映像の中の自分を見て「愕然とした」、わがことながら「なぜ、あんな奇妙なことをするのだろう」と疑問に思ったそうですね。でも、それは「恥ずかしい」という感覚とはちょっと違っていて、「みんなが、自分の小さい頃のビデオを見ている感覚に似ているのかもしれません」と。

私の場合は、そりゃもうあからさまに恥ずかしいわけですが、では、東田くんと私の気持ちはまったく違うのでしょうか。実は、本質的には同じじゃないかと思います。

もちろん、私はテレビに映った自分を見て「奇妙なこと」をしているとまでは思いません。でも、そこに見る自分は、私が頭の中で描いている姿とは違って、明らかにカッコ悪いのです。確かに、それが子どもの頃の映像ならば、「なにやってんだ、こいつ！」と笑うだけですむでしょうけどね。

私が思うに、自分の抱く自己イメージと実際の姿のギャップにガッカリさせられることについては、私たち二人にたいした違いはないのではないか。ただ、東田くんと私を比べると、東田くんの方が身体が思いどおりにならない度合いがずっと大きいので、現実の姿を見た時の驚きも大きい。また、それだけに、まるで人ごとのようにすら思えてしまうのでしょう。だから、あまり恥ずかしく感じない。違うかな？

それにしても、東田くん、人間がいまここにいる自分の姿を自分の目で見ることができないという事実は、よく考えると不思議だと思いませんか？ 自分は自分なのに、それはいつも像（イメージ）としてしかとらえることができないのですから。

人は己が何者か、その判断を人にゆだねている

もしかしたら、山登先生と僕とは、恥ずかしさの種類が違っているのかもしれません。

山登先生の恥ずかしさは、たとえば自分が想像していた姿ではなかったとか、うまく説明できなかったとか、そういうことではないでしょうか。僕の場合は、自分の姿をした別人が、テレビに映っているような感覚なのです。びっくりして、世の中の人全員に「これは、僕ではありません」と弁解したい気分になりますが、不可能なので受け入れざるをえないのです。努力すれば直るとか、気にしなければいいといったたぐいのものとは違います。

僕のようなタイプの自閉症者だと、テレビに出ても本人は何もわからず、人ごとのように感じているのだろうと、周りの人から思われてしまうのかもしれません。

見かけだけでは、想像もできないような内面を持っている自閉症者も、たくさんいるはずです。それを理解してもらうのが難しいことを、僕もよくわかっています。

そんな当事者にできることが「あきらめる」でしょう。なぜなら、これが自分を傷つけない一番簡単な方法だと学んでいるからだと思います。

山登先生がおっしゃるように、自分を像（イメージ）としてしか、とらえることができないのは、本当に不思議ですね。結局、人は己が何者か、その判断を人にゆだねているのではないでしょうか。

批判されたり、褒められたり、評価される中で、自分がどのような人間かに気づくのです。だからといって、周りにいる人が、何でもかんでも褒めればいいわけではありません。

特に障害者の教育では、褒めれば自己肯定感が高くなると信じられているみたいです。

自己肯定感を高めるために褒めるのではなく、褒められた結果、自己肯定感が育つのです。

褒めるような内容ではないことまで褒めていては、逆に子どもの心を傷つけたり、本人が勘違いしたまま大人になったりするのではないかと心配です。

東田くんは、テレビに映った自分の姿を見て、「まるで別人！　これは僕じゃない」って感覚になるという話ですが、では鏡はどうですか？　鏡に映る自分は今ここにいる自分だから、映像に残された自分とは、また感じが違うんじゃないかな。

鏡というのは、自分の姿を見ることのできる、いちばん手軽な道具ですね。人はいつから鏡に映るそれを「自分」と認識するのでしょう。これについては、精神分析学に「鏡像段階」という有名な学説があります。

生まれたばかりの赤ん坊は、自分の身体がどうなっているのかわからない。手足を盛んに動かしますが、それぞれのパーツが自分の身体にどうくっついてるのか、よくわからない。つまり、小さな赤ん坊は、自分の全体像がまだつかめていないのです。

ところが、あるとき鏡の中に映った自分を見つける。そのとき初めて、自分がどんな顔形をしていて、手足がどんなふうに生えているかがわかる。子どもは「ああ、これがボクなのか！　ワタシなのか！」と知って歓喜する。そのかたわらにいて、「そうだよ、それがおまえだよ」と教えてくれるのが、母親（の役割にある人）だといいます。

この自分が自分に出会う、人間の発達にとってきわめて重要な時期を、フランスの精神分析医ジャック・ラカンは、「鏡像段階」と名づけました。それは年齢でいうと、生後六ヵ月から十八ヵ月ぐらいまでの時期にあたるそうです。もっとも、今日も世界中の親子が実際の鏡の前で歓喜の瞬間を迎えているかといったら、ちょっと違う。この学説は、鏡をのぞいた乳幼児の反応を観察した結果、ラカンの頭にひらめいたアイディアであって、あくまで理論上の仮説です。

東田くんの場合、身体が思いどおりに動かないことと、映像の中の自分が自分に見えないことの間には、何かつながりがあるように思えます。それでも東田くんの中には「僕は僕なのです」という自分がちゃんといる。これがまた驚きです。

その「僕」は、いったいどこからやって来たのでしょう。

「僕は僕」、自分を意識する不思議さはどの人も同じ

人は、自分が鏡に映っていることを何歳の時気づいたかなんて、誰も覚えてはいないでしょう。もしかしたら、いつ頃言葉を覚えたのか記憶していないことと同じなのかもしれません。

自分を客観的にとらえることのできる僕が驚きであるなら、重度の自閉症者の中には、自分が誰だかわかっていないように見えている人もいる、ということだと思います。

僕は、身体が思い通りに動かないから、映像の中の自分が、自分には見えないのです。これは単に、原因と結果みたいなものだと考えています。

「僕は、僕なのです」という自分を意識する不思議は、どの人も変わらない気がします。多くの人が僕のことを、自閉症者の中でも特別な存在として見ているため、矛盾

に感じるのではないでしょうか。

内面を表出できなければ、僕がこんな知能を持っているとは、誰も判断できません。

僕以外の話せない自閉症者の心の中にも、本当は別人格のような立派な自分が存在しているのに、わかってもらえないだけではないかと考えることがあります。

僕は、鏡に映っている自分の姿が変だとは思っていません。ただ、鏡に映っている自分を確認して終わりです。鏡に映る自分を見る時の気持ちは、テレビなどの映像に映っている自分を見る時の気持ちとは違います。

鏡に映っている、それは現時点で起きていること、まさに「今」なのです。鏡の中の自分を変だと思う間もなく、僕は鏡のどこを見ればいいのかに迷い、見た物に没頭してしまいます。

僕には、映像と鏡は別世界です。

映像を見て「これは自分ではない」と受け入れられない僕ですが、鏡に映る自分の姿に嫌悪感をもつことはないです。

生活する上で、鏡はいたるところにあり、みんなも映っているからです。椅子や机などの家具と同様に、生活上の道具のひとつとして、認識しています。

東田くんのような人が一人いれば、ほかにも十人いる

東田くんは、いつだったか、できて当たり前のことを「よくできたね！」と褒められてもちっともうれしくない、みたいなことを書いていましたね。それと同じように、身体が思い通りに動かないとはいえ、自分にはちゃんとした人格があるんだから、そんなことに驚かれるのは心外だ！ と感じたんじゃないでしょうか。

というのも、前回の東田くんの返事が、どこか怒ってるみたいに感じたからです。もし、気分を害していたら失礼しました。しかし、東田くん、私は東田くんを「自閉症者の中でも特別な存在」だとは思いません。むしろ、東田くんのような人が一人いれば、ほかにも十人はいる、十人いれば百人はいると考えています。たしかに、東田直樹が世に出るまでは、そういう可能性に気づく人は少なかったでしょうけどね。

それと、自閉症の人にだって「僕は、僕なのです」という意識がちゃんとあるとい

うのはもっともな話ですが、その意識が生まれる道筋は、いわゆるその他の発達多数派と同じなのかどうかという問題は残ります。

たとえば、東田くんは、自分が人に生まれたとは思っていなくて、三歳の終わり頃にどうやら自分も人らしいという自覚が生まれ、その事実に衝撃を受けたと書いていましたね（55ページ）。この発達のしかたは、おそらく発達多数派とは異なるでしょう。

しかし、たどり着いた地点、「僕は僕である」という場所は一緒です。

いや、簡単に「一緒」などと言ってはいけないかもしれない。というのは、世の中には、「僕って誰？」「僕は本当に僕なのか……？」というような悩み方をしている人がけっこういるし、人間は一時的にでもそういう精神状態になることがあるからです。これは自閉症であってもなくてもです。

二〇一四年は「♪ありの―ままの―」という歌が大流行しました。それは、裏を返せば、多くの人が「ありのままの自分」でいたいのに、そうするのが難しいと感じているからでしょう。そんな時代だからこそ、東田くんの「僕は、僕なのです」という言葉は、強い響きをもって私に届くのです。

東田くんのような人が一人いれば、ほかにも十人いる

僕の文章が怒っているみたいに思われたのでしたら、申し訳ありません。

たぶん、僕は山登先生に対してではなく、自分自身に憤りを感じたのです。社会で、なかなか認めてもらえない重度の自閉症者の内面を、どう説明すればわかってもらえるのだろうという、僕の焦りのような気がします。

僕の本を読んで、自分の知っている自閉症者も同じ思いかもしれない、と想像してくださる人がいるのは知っています。けれども、誰か一人がそうなら、他にも十人はいるという考え方は一般的なのでしょうか。だとすれば、とてもうれしいです。

「僕は、僕なのです」という意識が生まれるためには、いくつかの課題が必要になるでしょう。

たとえば、怒られていることに気づく、人と自分を比べ、そして評価する、これら

ができなければ、落ち込む必要もないと思います。小さい頃の僕は、ただ感覚のみで生きていたのかもしれません。

僕は、みんなより遅れましたが、人であることには気づけました。しかし、行動に指令を出す脳の機能は、十分に発達しなかったのです。感情をつかさどる脳の部分は正常に動いているはずなのに、言動は幼児のままです。この脳の発達のアンバランスさが、自閉症の特徴ではないかと考えています。

「僕は、僕なのです」には、もう一つの意味が含まれます。

それは、自分で自分を受け入れているかどうか、ということです。他人と比較したり、自分を嫌いになったりせずに、このままの自分でもいいと思えることが必要です。「ありのまま」という言葉には「そのまま」以上に、自分をさらけ出したいという気持ちが込められています。

現在の自分を認めてあげたいのではなく、どこかに忘れてきた自分を取り戻したいというメッセージにも聞こえます。

時間に追われ、仕事に追われ、現代人はとどまることを知りません。

おいてきぼりにされた自分が、今もどこかで泣いているような気がするのは、僕だけでしょうか。

三歳ぐらいまで自分が「人」に生まれたことが信じられずにいたという東田くんの話に衝撃を受けた私ですが、そのあとつらつら考えて、これってそんなに不思議なことではないのかも、と思うにいたりました。やはり、人間は「人に生まれてくる」のではない、「人になる」のだ。そんな思いを強くしました。

確かに、生まれたての赤ん坊は、自分を「人」と認識していないでしょう。ちょっと前にしたラカンの「鏡像段階」の話ではないですが、赤ん坊は鏡に映る像を通して自分の姿形を知る。やがて、周りにも似たような生き物がいっぱいいることを知って、自分もどうやらその仲間だとわかる。

ここまでの過程にも、すでに子どもを人にする、人の仲間入りをさせる文化的な力が働いているでしょうが、多くの人は、その記憶を失っています。あるいは、その過程をあまりにすんなり受け入れたため、記憶に残らなかった。ところが、そうでない人もいたというわけですね。

今までなんにも考えてなかったけど、どうやら人の仲間にならないといけないみたいだな。うわー、マジ？　なんかダサくね？　あんまり楽しそうじゃないし。けど、オレもみんなと同じカッコしてるし、この世界で生きていくには、きっとその方がいいんだろうな。でもなぁ……。

と、こんなふうに感じる子どももいるんじゃなかろうか。いるわけない？　失礼いたしました。そういえば、東田くんは、世界には美しいものがたくさんあるのに、自分は人にならなくてはならないことを知り悲しみで胸がいっぱいになった、と書いてましたっけ。それも切ないなあ。

ところで、前回までの問題に戻ると、例の「僕は、僕なのです」という認識は、人が人になる以前からすでに生まれているのでしょうか。東田くんの書いたものを読んでいると、なんだかそのようにも感じます。もちろん、赤ん坊時代のことまで覚えてなくていいんだけど、東田くんはどう考えますか？

「人間である」という事実が存在するだけ

僕は、人がいつ人になるのか、それ自体はあまり問題ではないと考えています。人らしく振る舞えるのは、教育を受けられたおかげであり、自分を人だと認識した結果なのは間違いないでしょう。

もしも、自我の芽生えが赤ちゃん時代からあるものだとしても、僕はそれほど不思議だとは思いません。

「僕は、僕なのです」という気持ちの表れが、ここに自分がいるという意思表示ではないでしょうか。それが結果として、周りとのかかわりになるのだと思います。

人に無関心だと言われている自閉症の子も、生まれた時から、人が何を話しているのか、聞いているはずです。

最初は鳥や虫の鳴き声、そして風や雨と同じように、単なる音として、認識していただけかもしれません。けれども次第に、会話がコミュニケーションのひとつだと、気づくのではないでしょうか。

どんなに耳障りのいい音も、心に残る響きも、思いを伝える手段にはなりません。赤ちゃんだった僕も「僕は、僕なのです」と、全力でアピールしたことでしょう。しかし、その相手が人ではなかったのです。僕は、ただ光や水や砂など、自分が好きなものたちと一緒にいたかったのです。感覚の世界で、自分らしく自然と同化していたのでしょう。

「人間として生まれた」のではなく、「人間になる」のだという考え方もあります。けれども、僕自身は「人間である」という事実が存在するだけで、それ以外に意味などないのではないかと、考えるようになりました。そうしなければ「人間であることを認められた人」と「人間になれない人」が、この世には、いることになってしまうからです。

人間は、さまざまだと言いながら、みんなが理想の人間を追い求めているのを、おもしろく感じることがあります。正反対のことを同時に求める、人とは、欲張りな動物です。

答えの出ないことまで分析して、人はいったい、どこに向かおうとしているのでしょう。

前回までの「人は人になる」問題、あるいは「僕は僕である」問題は、精神医学（正確にいうと精神病理学）の領域においても重要なテーマだと思うのですが、東田くんに「答えの出ないことまで分析して、いったいどこに向かおうとしているの？」と言われ、私はヘニャヘニャと力が抜けてしまいました（これは冗談です。でも、ちょっと事実）。なので、この話はちょっと寝かしておきましょう。

さて、実はこの原稿、東田くんのトークショウ「風を感じて」（二〇一四年十二月二十一日、東京都狛江市）に友情出演（？）させてもらった翌日に書いています。

東田くんとの対談は、ビッグイシューの十周年記念イベント以来二度目だったけど、今回のステージもとても刺激的でした。東田くんはパンクロッカーみたいにカッコいいな！　と横で見ていて思いましたが、これは私の個人的な感想なのでどうでもよろしい。

自閉症の支援が「マニュアル化」されることを東田くんは危惧しているという。「それは僕たちのためではなく、支援者や親のために存在しているような気がしてならないのです」

しかし、東田くん、マニュアルというのは、そもそも支援する側がどうするのがよいかわからないから作るんであってさ。もちろん、それが画一化したものであってはいけないけれど。こう私が疑問を挟むと、では、それが当事者の役に立っているかどうかは、誰がどうやって判断しているんだい？　という東田くんの回答。

困っている自閉症の人が病院や相談機関を訪れ、そのとき集められた知見がマニュアル作りに使われる。しかし、相談に行かなくてもうまくいっている人、それなりにやれている人もたくさんいるはず。だから、「そういう人たちが、どんな家庭で育っているか、工夫をしているか、それを支援者は聞いたり調べたりするべきだと思います」。東田くんは、そう言ってました。

なるほど、そういう意味でも、東田くんやお母さんの美紀さんの経験や意見はとても貴重。そのあとに続く人たちのことも、どんどん応援していかないといけませんね。

支援とは、何が必要なことかを見極め援助すること

支援とは、できないことを助けてもらうのではなく、自分らしく生きるために何が必要かを見極め、援助してもらうことではないかと、僕自身は考えるようになりました。

マニュアルがあれば、いい支援ができるのではないかと思われる方のご意見もわかります。しかし、それだけではどうしようもないということを、みんな知っているはずです。これは、子育てにも共通することではないでしょうか。

自閉症の特徴は、ある程度わかってきました。あとは、各自に合わせた工夫が重要です。誰かが、こんな方法をやっているから、自分も試してみようと考えること自体は間違っていません。けれども、多くの人のデータを集めて分析し、このやり方が正しいと画一化することについては、疑問を感じています。なぜなら、そこには目の前

の当事者が存在していないからです。

どちらのやり方も、同じように思われるかもしれません。しかし、正しいと決めつけている方法を当事者に当てはめることと、当事者に合わせて何かに取り組むことは、うまくいかなかった場合、誰が責任を負うのかという点において、違ってくるのではないでしょうか。

こうしなければならないという方法が存在すれば、いつまでも同じやり方にこだわり、最後にはできない原因が当事者にあると結論づける人まで現れます。当事者のために始めた支援なのに、その方法がいかに有効かを立証するために、当事者が存在しているような本末転倒の状況になっていることもあります。

当事者が中心であれば、すぐに他の方法を試すはずです。

僕はいろいろな挑戦をしていく中で、その人オリジナルの支援方法が見つかると考えています。できないことをできるようにするだけでなく、その人らしく生きていくための支援です。

困っていることを減らしたり、楽しみを増やしたり、当事者が、今まで以上に楽に生きていくための手助けをしてもらいたいのです。

支援者が見ているものは　すべて主観ではないだろうか？

支援とは「できないことをできるようにするだけでなく」、障害をもつ人が「その人らしく」「今まで以上に楽に生きていくための手助け」であるべきだ。「いろいろな挑戦をしていく中で、その人オリジナルの支援方法が見つかる」はずだから、既成の方法や「マニュアル」ばかりにとらわれていてはダメだ。

これが東田くんの提言であり主張ですね。当事者の実践と経験の中から出てきた言葉だけに、さすがに重みがある。私たちもよく考えてみないといけません。

従来の考え方では、発達障害の子どもは、脳神経系に生まれつき障害があるために、その年齢に期待されることが上手にできないとされてきました。だから、同年齢の集団において、みんなのできることができなかったり、みんながしない（困った）ことをしたりする。

このような見方からスタートすると、療育の目標は、可能な限り「みんなと同じにできるようにする」だの、「困ったことをしないように（ガマン）させる」だのということになりがちです。どうしたらその子が楽になれるか、その子らしく成長できるかという視点が欠けてしまう。

もちろん、どんな子だって、できなかったことができるようになるのはうれしいでしょうし、その努力を促すのは間違ったことではありません。でも、できたことだけが評価され、その結果をもとに療育や支援のマニュアルがつくられたとしたら、当事者にとってはうれしくないものができあがるかもしれない。

東田くんの話を聞いていて思うのは、方法と結果だけでなくプロセスを知るのも大事なんだということです。既成の方法に利点があればチャレンジし、自分に合うように改良していく。一つの方法にこだわらず、試せることはいろいろ試してみる。はじめはつらかったけど、こんなふうにしてみたら最後までがんばれた……。

こういうプロセスにこそ、個別のケースのオリジナリティが光るのでしょう。新しい「手助け」のヒントも、そこから見つけ出せると思います。

支援者が見ているものは すべて主観ではないだろうか？

手助けにはプロセスが大切で、行ってきた療育や支援が、どのような結果をもたらしているのか、重視することは間違いではないと思います。しかし、何をもとに、うまくいったかという判断材料が、あまりにもあいまいではないのでしょうか。

観察が大事だという考え方もわかりますが、見ただけで人の心の中を知ることが無理なのは、誰もが知っているはずです。体温や脈拍、傷の状態など病気やけがを観察することと、人の行動を観察することは別のような気がします。

行動を分析することによって、やる気を起こさせたり、持続力をつけさせたりできるのは本当でしょう。すでに普通の人で効果は実証ずみです。

一方で、自分のことをうまく表現できない自閉症者全員に適応するものではないことを、理解してもらいたいのです。少なくとも僕自身は、僕の気持ちと観察された結果が一致していると感じたことは、ほとんどありません。でも、それは、しかたないことです。

人は簡単に思い込むし、間違います。数値化されないデータほどいい加減なものはありません。支援者が見ているものは、すべて主観だということを再認識すべきではないでしょうか。

支援者が複数いる場合、仕事上申し送らなければいけない内容があるのはわかります。

けれども、どのように利用者に対処するかは、それぞれの支援者が考えればいいことだと思います。支援者によって、対応に違いがあるのを気にされる方もいらっしゃるようですが、利用者の落ち着かない状態を、悪いことだと問題視しすぎではないかという感じもします。そのために、必要のないことまでマニュアル化しようとしてはいないでしょうか。

意思疎通ができる自閉症者であれば、本人にも意見を聞けばいいのかもしれませんが、僕は重度の自閉症者の場合、マニュアル化がこだわりとなり、本人が失うものもあると考えています。

支援、治療、万人に有効な方法などない

障害の支援にしろ病気の治療にしろ、万人に有効な方法などないでしょう。ある人にとても良い結果をもたらしたやり方でも、べつの人にはまるで効き目がなかったなんてことはいくらでもありそうです。

また、同じ方法を用いたとしても、誰がやるかによって成績が全然違うってこともあるでしょうね。特に、人間の行動の変化を期待して行う支援や治療といった働きかけは、いわば個人対個人のぶつかりあいですから、そこには二人の人間の持つさまざまな要因がかかわることになる。だから、評価が非常に難しくなるわけです。

東田くんが四歳の時に体験したという「抱っこ法」にしても、そうじゃありませんか。あの方法も東田くんにはよかったけど、そして、それを東田くんのお母さんが上手にできたからよかったけど、どの親子にも万能ってことはないですよね。

「抱っこ法」というのは、私の理解するところでは、泣いたり暴れたりしている幼児を大人が抱きしめて、その子に声かけをしながら泣き止むまでじっと待つ方法です。重要なポイントは、とにかく子どもを「泣ききらす」こと。ハンパなところで手を離してはいけないらしい。

これは、おそらく、子どもに思いきり感情を表出させることや、養育者との徹底したスキンシップで安心感を与えてやることが狙いなのでしょう。養育する大人の側も、子どもに寄り添う感覚を文字通り体得できそうです。

東田くんは、『風になる』の中で「抱っこ法で気持ちを受けとめてもらいながら泣くと、心に羽がはえたような気分になる」と書いていますから、東田くんにはとてもよい方法だったことがわかります。その手応え（てごた）えを確かめながら最後までやりきったお母さんもすごい。

しかし、ADHD（注意欠如多動性障害）のように多動のある子だったり、触覚に知覚過敏がある子だったりしたら、身体を押さえつけられるのを嫌うので、強い力で抱きしめられたら必死に抵抗するのではないか。そういう子を「泣ききらす」のは容易ではないだろうし、かえって逆効果ではないか。そんな疑問もわいてきます。

「抱っこ法」に関しては、母がそのようなやり方をしたというだけで、それが「抱っこ法」だと決めつけられると、抱っこ法の関係者が怒ると思います。

多くの人は、僕が作家として活躍できるようになった理由を、療育や育て方に見いだそうとします。僕が作家になるために、母が努力してくれたことは事実です。創作の楽しさを教えてくれたり、作品をコンクールに応募してくれたり、もっと書きたいと思う僕の気持ちを、後押ししてくれました。

けれども、僕に合った方法で、母が上手に子育てしたから、今の僕が存在するのかどうかはわかりません。「抱っこ法」も同じですが、母が僕にしてくれたことで、人のお手本となるようなものは、あまりなかった気がします。

障害者の支援については、人それぞれであると僕も考えています。

しかし、この人には、その方法が適しているとか、上手に指導できたとか、第三者が判断すること自体、難しいことではないでしょうか。

僕が現在のようになるまでは、母の子育てを評価する人など、誰もいませんでした。そういう意味では、結果がすべてなのかもしれません。

療育や子育てに正解はないのです。

なぜ、そんなふうに育ったのか、本当のところは誰にもわかりません。親も子も一人ひとり違うし、自閉症の原因も特定されていない状況で、聞き取り調査をしても真実など解明できないと思います。

僕の場合、母が誰の言うことも聞かなかったのが、功を奏したのではないかと考えています。母は、僕に障害があることがわかった時「自分の好きなように育てよう」と決めたそうです。それは、決して褒められたことではありませんが、リスクもなく僕みたいな人間が育つはずはありません。

母が立派過ぎなかったことも、救いになりました。

人間は失敗するし、失敗すればやり直せばいいのだと、母を見ていて、僕は思うようになったのです。

前回の東田くんの意見には反論したいところがいくつかありますが、その前に言いわけをひとつ。「抱っこ法」のことです。この方法については、私は東田くんとお母さんの美紀さんの書いたものを読んだだけなので、私の文章に関係者の方々が怒っているとしたら、それは私の勉強と理解が足りなかったせいですから、ここでお詫びしておきます。どうもすみませんでした。

さて、東田くんは現在の自分とお母さんの子育て（療育を含む）を結びつけられることを、おもしろく思っていないようですね。東田くんの作家としての成功は、東田くん自身のもって生まれた才能や自閉症であったことなどを抜きに考えられないでしょうから、確かにお母さんのおかげとばかりは言えません。

しかし、東田くんの書く力を存分に引き出すことによって他者とのコミュニケーションを可能にしたのは、お母さんの教育のたまもの。これを否定する人はいないでしょう。もちろん、これについても、東田くんの才能と努力を否定するつもりはありません。

東田くんは、お母さんがしたことで「人のお手本となるようなものは、あまりなかった」と言いますが、「お手本」にならなくても参考になることはたくさんあると思います。お母さんの美紀さんだって、無手勝流に子育てをしたわけはなく、自閉症や療育について自分なりに勉強し、実践し、工夫を重ねてこられたはずです。

私がとくに素晴らしいと思うのは、美紀さんが、息子の気持ちを知りたいというシンプルでまっとうな願いのもとに、東田くんの言葉を育てたことです。そして、「筆談」に出てきた言葉は本当に息子のものなのか、息子の手を借りて書いた自分のものではないのかと疑いながら、試行錯誤を繰り返した。このプロセスには、自閉症の療育ということを越えて、私たちも大いに学ぶべきものがあります。

それから、東田くんは自閉症の原因もわからないのに、聞き取り調査をしても意味がないのでは？　と書いていますが、そんなことはありません。

僕は「自分が成長できたのは、母のおかげではない」と言いたいわけではありません。母の子育ては、あまり他の人のお手本にならないだろうと書いたのは僕個人の感想ですが、だからと言って、母の子育てを否定しているのではなく、僕には合っていても、他の人の参考になるかどうかは、わからないと伝えたかったのです。

母も同じように考えているから、依頼されても、子育ての本を出さないのかもしれません。本の評価は、読者が決めるという意見もありますが、少なくとも、母は自分と同じ子育てを他の人にも、ぜひやってもらいたいとは考えていないでしょう。講演会で母が子育てについて話すのは、僕のことを参加者のみなさんに、より深く知ってもらうためだと思います。

文章では、伝えきれないものもあります。

「抱っこ法」について、山登先生が誤解されたように、書いた文章がすべてだとは言えません。

以前、僕は自閉症者の中にも、幸せに生活できている人がいるのだから、その人たちに、どのような工夫をしているのか、どんな家庭で育っているか聞くべきだと言いました。にもかかわらず、聞き取り調査をしても意味がないなんて、話が矛盾しているのでは、と思われた方がいるかもしれません。

たとえば、病院で相談される方たちは、何か困ったことがあるために受診している人がほとんどです。その結果、改善しても、それは治療によってよくなった人です。本当に問題のない人は、誰かに相談する必要がありません。もしかしたら、なぜうまくいっているのか、自分でも気がつかない人もいるでしょう。そんな人たちこそ、自閉症者が幸せに育つコツを知っているような気がします。

調査される人たちが、事実を話すとも限りません。

「聞き取る」のではなく「聞く」のです。

雑談のように、相手の言葉に耳を傾けていれば、これまでわからなかった自閉症者に本当に必要な何かが、見えてくるのではないでしょうか。

どのように物事をとらえれば
楽になれるか、
その答えを探している

特別企画、東田くんに聞く「A to Z」（260～273ページ）、楽しく読ませてもらいました。26の質問は、東田くん個人への関心にもとづくもの、自閉症にかかわるもの、人生相談めいたものなど多岐にわたっていましたが、回答はどれも東田節が冴えてておもしろかったです。特に、「考え方の違う世界の人が仲よく暮らすには？」という質問に、「仲よくしようと思わないことです」という回答。あれは秀逸でしたね。

この往復書簡でも思うことですが、東田くんの文章の魅力は、当たり前のことをスパッと言ってくれるところと、自閉症の人のもつ独特の感覚を見せてくれるところじゃないでしょうか。「自分の精いっぱいが他の人と違っても、恥ずかしいことではない」というのは前者だし、記憶は「経験したことが、次々に空の星になっていくような感じ」なんていうのは後者に属します。

これまで、自閉症の人は世間では当たり前とされていること、いわゆる常識がピンとこないと考えられてきましたが、東田くんの回答を読んでいると、そうとも言えないなと思います。私の患者さんには実際にそう訴える人もいますが、自閉症じゃなくても常識が通じない人間はたくさんいるからね。こういう話は、いつもしていますが。

それと、東田くんの中には、純真な子どもと老賢者が一緒に住んでるようなところがある。これも東田くんに感じる魅力のひとつ。質問したみなさんも、きっと私と同じように感じているので、ああいう質問が並んだんじゃないでしょうか。

たとえば、「食べ物に好き嫌いはありますか？」という質問があったけど、これって「世界的に認められた作家」に聞くこと？　もっと他に聞くことあるんじゃないの？と、私なんかは思うんですが、東田くんは「唐揚げやハンバーグ」が好きで「もりもり食べます」と答えてました。素直すぎる！

これは子ども的なカワイイ回答の例だけど、「老賢者」の方だと、やはり「生きるのがつらい時は出口を探すのをやめ、じっと立ち止まれ、昨日と同じ一日を過ごせ」ですかね。味わい深い言葉でした、実に。

どのように物事をとらえれば楽になれるか、その答えを探している

僕は自分が人から、どう見られているかについては、あまり深く考えることがなくなりました。どうにかして普通に見られたい、みんなのようになりたいと、ずっと願っていましたが、それは叶えられないことだと気づいたからです。

僕にとって、自閉症という障害は、個性というには、あまりにも問題の方が大きく、周りに迷惑をかけているのが現実です。僕自身の力では、簡単に行動を修正できません。それがなぜなのか、実は誰にもわからないということを、大人になって知りました。

治療法が確立されていない一番の原因は、重度の自閉症者が、自分で自分の状態を言葉で説明できないためではないでしょうか。そのせいで、重度の自閉症者の実態が解明されず、アスペルガー症候群や高機能自閉症の人たちの意見を参考にした対応が行われていています。結果として、支援者の観察力や分析に頼らざるをえない状況になっ

てしまっているのです。

本当にこのままでいいのでしょうか。僕は、疑問に思っています。

今回の企画で感じたのは、みなさんが僕自身にも関心をもってくださっていること、そして深い悩みを抱えながら毎日を過ごしているということです。

僕の言葉が、山登先生がおっしゃるように老賢者みたいに聞こえるのであれば光栄です。

以前、僕は自問自答を繰り返していると書いたことがあります。こんな時はどうするのかといった対策ではなく、どんなふうに物事をとらえれば自分が楽になれるのかという答えを、いつも探しています。

人は、すぐに答えがほしいと言いながら、回り道をすることがあります。自分が納得した方法でなければ、ゴールまでたどり着けないと思っているからでしょう。自分の性格や状況を、よくわかっているのです。僕は、それこそが人間らしさだと考えています。みんな、さまざまな悩みに向き合いながら、知恵をしぼり合って生きています。

僕の回答を読んで共感したり、うなずいたりしてくださった方々に、心から感謝しています。

東田くんは、大人になるにつれ、自分が他人の目にどう映っているかは、あまり気にならなくなったといいますが、これは考えてみると、なかなか大変なことです。まず、東田くんは、外見において他人より目立ってしまう。東田くんが人前で飛び跳ねたり大きな声を出したりすれば、周囲は好奇の目で見るでしょう。逆に、何も見なかったふりをして、その場を立ち去る人もいるかもしれない。どちらの体験もとてもつらいと思うのです。でも、そんな視線を浴びても、「これが僕だから」と主張する東田くんは、とても毅然として見える。その姿勢に、人々は感心したり、あこがれたりするんじゃないでしょうか。

だって、見かけがまわりと変わらないのに、他人の視線が気になってしかたない人は大勢いますからね。特に若い人たちはそうです。自意識が膨らむ思春期には、自分が人からどう見られているか、どう思われているか、そういうことがどうしても気になる。これは誰もが通る道ですが、なかには悩みすぎて病気になってしまう人もいます。

たとえば、自分の目つきが悪いから誰かを傷つけてしまうとか、みんなから嫌われてしまうとか思い込んで、集団に入れなくなってしまう。あるいは、自分の顔が醜いから、頭の形がヘンだから、以下同文。前者を自己視線恐怖、後者を醜貌恐怖などと呼んだりしますが、いずれも本人が勝手に思い込んでいるだけで、目つきも顔つきも十人並みなのです。だけど、このせいで自分は友達ができない、これさえなければ何もかもうまくいくのに……なんて考えてる。

本当のところは逆です。他人と接するのが恐いあまり、他人から拒まれるのを恐がるあまり、必死に理由を探してたどり着いたところが自分の目つきや容貌なのです。だから、運よく親しい人間関係ができたりすると、こうした訴えはスーッと消えてしまうことが多い。

こんな若い世代にも東田くんは、「強いな、この人……」なんて思われてるかもしれません。でも、それが本人の励みになるかどうかは、また別の話ですけどね。

社会の一員として僕らしく生きていきたい

僕は決して、強いわけではありません。けれども、他の人が僕をどう思うか、あまり気にならなくなったのは、この世界で自分はちっぽけな存在だと気づいたからです。自分の人生の主人公は僕ですが、この世界の主人公ではないことを、両親から教わりました。社会は厳しく、障害のあるなしにかかわらず、誰もが幸せにも不幸にもなるのだと知ったのです。

小さい頃、僕は普通の大人にさえなれない現実に押しつぶされそうでした。こんな僕が何にならなれるのか、まるでわかりませんでした。僕は自分のことが嫌でたまらなかったのです。大人になるのが恐ろしく、ずっと子どもでいたかったのを覚えています。

そんな僕の気持ちを解き放ってくれたのは家族です。人と違う奇異な行動ばかりする僕を注意するだけでなく、どうにもならない時には、他人はそれほど、あなたのことを気にしていないと笑い飛ばしてくれました。

知識も僕を救ってくれました。小学校の普通クラスの授業で、世界中には信じられないくらい、たくさんの人たちが暮らしていて、みんなさまざまな苦労をしていることを学びました。勉強を続けていく中で、ニュースやドラマなども楽しめるようになり、僕は地球に住んでいる六十億人の一人に過ぎないとわかったのです。

そう考えると、一人くらいおかしな人間がいても、構わないのではないかという別のとらえ方もできるようになりました。植物も完璧な遺伝子ばかりが残るわけではありません。僕みたいな人間が、誕生した意味について向き合い、考えるようになったのです。

僕は友達がいなくても、特に寂しいと感じたことはないです。それでは人間として未熟なのかもしれませんが、友達づき合いが苦手な僕にとっては、幸せなことだと思います。だからといって、孤独が好きなのだと決めつけないでください。

昔、僕がみんなの中にいる時に感じていた疎外感はなくなりました。その理由は、友達ができたからではなく、社会の一員として僕らしく生きていこうという気持ちになれたおかげです。

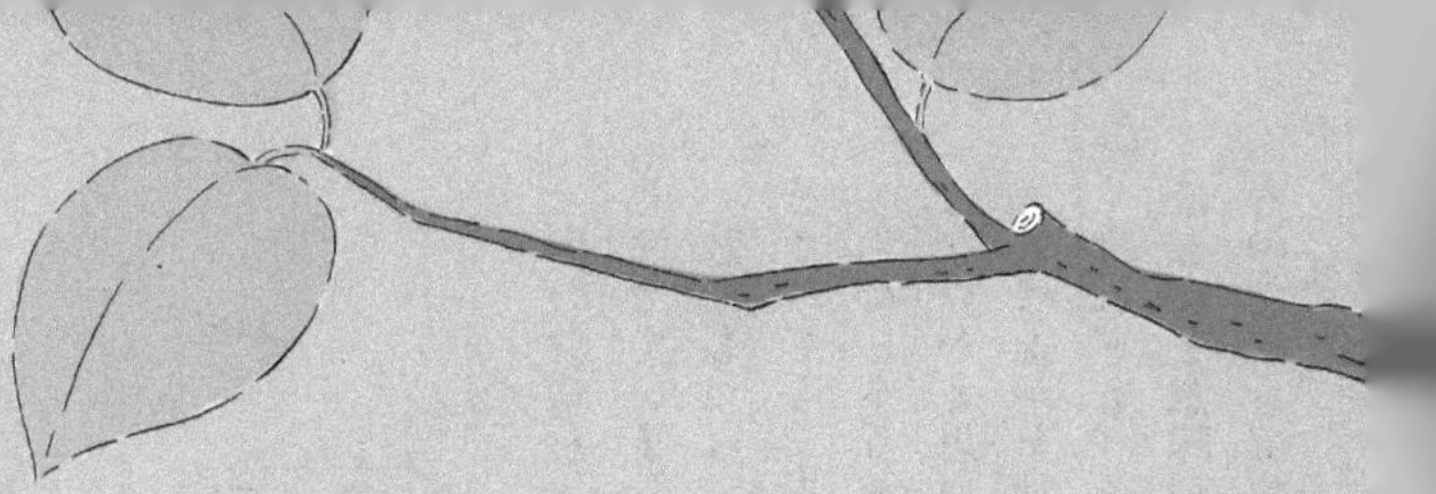

VI

「共世界へのためらいがちな参入」のために

二〇一五年五月～八月

東田直樹↓山登敬之

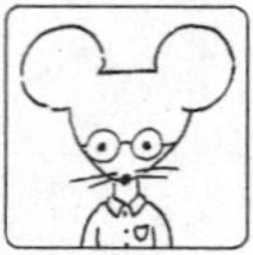

僕の言葉が、その人の励みになるかどうかは別だと、前の手紙で山登先生はおっしゃっていましたが、僕も同感です。

とてもつらい状態にある人というのは、自分のことで精いっぱいです。どれだけ励まされても、素晴らしい意見を聞かされても心に響きません。

じんとくる言葉があるとすれば「君は悪くない」という共感してもらえる声かけではないかと思います。みんなつらい時ほど、自分を肯定してほしいものです。

人は誰かを励まそうとする時「こうするといいよ」という対策を教えようとします。

けれども、それは、もしも自分があなただったらどうしたかという想像であって、ほとんど意味がないのではないでしょうか。その人の問題は、本人にしかわからないものだからです。

僕は、どうすればいいか意見を求められた時にはお答えしますが、そうでなければ自分からアドバイスすることはありません。

励ますという行為は、非常に危険で難しいと考えています。励まされている人がうれしいのは、相手が自分のことを心配してくれる気持ちだけです。

僕もよく、人に励まされることがありますが、励ましてくれる人の意見に耳を傾けていると、最初は僕へのメッセージでも、だんだんと自分自身の話にすり替わっていくのがわかります。とても興味深い現象です。励ましている人は、次第に自分と励ましている相手が、一体化しているような感覚になるのでしょう。励ましている人が、自分のことを語り、励まされている人に聞いてもらう。こうなると、本末転倒のような気もします。

人というのは、自分のことをわかってもらいたい動物なのだと、つくづく感じます。

自分はとうてい強い人間にはなれないと、思い込んでいる人もいるかもしれません。

でも、強いか弱いかは、誰が決めるのでしょう。

強くなくても生きられます。弱いから生きていけないのではなく、心が満たされないから生きづらいのではないでしょうか。

精神科の業界では、うつ病の人を「がんばってね！」と励ますのは禁じ手とされています。相手や病気の経過によっては、必ずしもそうとは言えないのですが、まあ、言わない方が無難です。がんばり過ぎがもとで病気になった人が多いし、うつでエネルギーが枯れている時には、どうやったってがんばりようがありませんからね。

うつ病に限らず、心身が弱っている人にかける言葉は選ばないといけません。たとえば、拒食症の女性の中には、「お元気そうね」とか「顔色よくなったね」とか言われただけで、「もしかして、太ったのかしら……」と不安になってしまう人がたくさんいます。こういう事実は、うつ病の場合に比べて、あまり知られていないでしょう。

それから、他人に余計な励ましの声をかけて迷惑がられることもありますから、気をつけないといけません。以前、歩行が不自由な女性から、こんな話を聞いたことがあります。ある日、電動車椅子に乗って町に出た時のこと、横断歩道で信号が変わるのを待っていたら、横に立っていた年配の女性から、いきなり「がんばって！」と声をかけられたというのです。

まったくの赤の他人です。でも、おばさんはニコニコ顔。そこで、彼女も曖昧に笑ってその場をやりすごしたのですが、心の中ではこう思ったとか。「がんばれって何を？　車椅子は電動だし、あたしはただ信号が青になるのを待ってるだけなんですけど」

声をかけた方の女性に、おそらく他意はない。でも、その人の頭には、障害のある人イコール気の毒な人、または健気に生きている人、というような図式があったのではないでしょうか。このシーンにおける「がんばって！」には、それが透けて見えます。だからこそ、車椅子の彼女は不愉快に感じたわけです。

東田くんのいう「本末転倒」の例もそうですが、私たちは相手の立場に立つことの難しさを、よくよく知っておかねばならないと思います。その人の苦労は、自分の想像をはるかに超えるものかもしれないのですから。

誰が泣いても笑っても、人は他人のことに無関心でいられない

人間というのは、とてもおもしろい動物だと思います。誰かが泣けば心配になるし、笑っていても気になります。なぜか、他の人に無関心でいられないのです。

精神科に通院されている方たちも、他人なんて、どうでもいいと思えたなら、どんなに楽でしょう。

迷いの少ない人は、他人の意見をあまり参考にしていないのではないでしょうか。

相手の話を聞かないのではなく、学ぶ努力は人一倍しても、他人の言葉をうのみにすることはないような気がします。何ができるとか、できないとか、僕も自分と他人を比べるのをやめた時から、思考の幅が広がりました。それまで結果しか見ていなかったのに、自分らしさを大事にするようになったのです。自分をみんなに合わせるのではなく、自分にとって必要なものを取捨選択できるようになったのだと思います。

時々、自閉症だからこうだと決めつける人がいますが、自閉症について学ぶことと、自閉症者の特徴を理解して、当事者に配慮することを混同しているのではないでしょうか。

どれだけ勉強しても、勉強したことがすぐに役に立つとは限りません。

これは自閉症が、原因のわからない障害だからではないと思います。他の分野でも、習ったことをすぐに応用できるものなどないのが普通です。何度も練習したり、試行錯誤を重ねたりした結果、実践で使えるようになります。そのためには、たくさんのデータが必要で、長い期間調査しなければわからないこともあるでしょう。時には、失敗の中から新しい成功のきっかけが見つかります。

療育に科学的なデータを求める人も多いです。それならば、これまでどのようにして科学が発展してきたかということにも、注目してみてください。

常識という壁を越えなければ、科学の進歩はありません。療育の世界でも同じだと思います。なぜなら、人間は無限の可能性を持っている生き物だからです。

誰が泣いても笑っても、人は他人のことに無関心でいられない

人の評価を気にせず、自分らしくやりたいことをやって生きよう！

誰もがそんなふうに生きられたら素晴らしいでしょうし、私だってできればそうしたいですが、なかなか難しいんですね、これが。ホントにもうね、他人の言うことなんかどうでもいいやと思えたら、どんなに楽でしょう！　ですよ。

人間は社会的な生き物ですから、どうしたって人の目が気になってしまうのですが、他人の期待に応(こた)えよう、他人から評価してもらおうとばかりしていたら、苦しくなってしまいます。周りから期待されていることがたまたま自分のやりたいことと一致していて、その成果が正当に評価されていたら、苦しく感じることもないでしょう。でも、そんな幸運は滅多にありません。

それでも、実はやりたくないけどガマンしてやっている、という自覚があるならま

だいい。いざとなったらやめちまえばいいんですから。さまざまな事情からそれが許されないというなら、それなりに納得できそうな理由を持ってきて、自分が楽になれるように考え方を変えればいいのです。

ところが、これができるためには、東田くんの言う「自分らしさ」を自分自身がわかっていないといけないし、それを「大事に」できないといけない。他人が何を言おうが、「でも、これが僕だから」と言える「僕」が必要なのです。それから、もうひとつ、まわりがそれを認めてくれる必要もあります。そうでないと、ただのワガママな人、勘違いしてる人になってしまいますからね。

つまり、ここまでの話をまとめると、他人の評価を気にしないで生きるには、「自分らしさ」をつかむ、それを大事にする、そういう自分を周囲に認めてもらう、という三つの課題をやりとげなくてはなりません。そして、そのどれもがなかなかに難題なのです。

自分らしさってなに？　自分のことがキライでたまらないのに、どうやって大事にするの？　人から認めてもらおうとしたら、ますます人の評価が気になっちゃうじゃん！　どこからか、そんな悲鳴が聞こえてきそうです。

自分らしさとは、手を伸ばせば届く心地いい芝生みたいなもの

一般に、自閉症者が自分らしく生きるためには、本人が障害を受け入れることが大切だと思われているかもしれませんが、僕自身は障害を受容できるかどうかで、人生がそれほど左右されるとは考えていません。障害があってもなくても、誰もが悩みや葛藤(かっとう)を抱えながら必死で生きているのがわかったからです。

自分らしさとは、自分にしかできないことを見つけ出すことではなく、誰でもやっている日常を、自分なりの判断で乗り越えることだと思っています。

どうして人は、自分らしく生きたいと願うのでしょう。

人が生き続けるためには、やらなければいけないことが多すぎるのです。衣食住、困らないように生活するだけでも大変です。その上、仕事や恋愛、人間関係で悩み、自分が存在する理由や幸福についてまで、答えを出そうとします。

一見、同じ毎日の繰り返しですが、時間は流れているわけですから、現状は少しずつ変化しています。その対応には、相当な努力を必要とするはずです。これほどがんばっているのに、誰からも褒められないことの方が多い現実に突き当たり、人は次第に自分で自分を認めようとするのではないでしょうか。元気に毎日を送るために、自分にはこんないいところがあると、自分を納得させなければいけないからです。たとえ障害が受容できなくても、それもまた、自分らしさの表れではないのでしょうか。

自分らしく生きるというと、何だか素晴らしいことのように聞こえますが、僕は自分で自分を励ますことができれば、それでいいと思っています。

自分らしさに条件や基準は、いらないのです。こんな自分ではだめだと思うのであれば、その人が追い求めているものは、自分らしさではなく目標ではないのでしょうか。

僕が考える自分らしさとは、はるかかなたの山の頂上に咲いている珍しい花ではなく、手を伸ばせばすぐに届く、心地いい芝生みたいなものなのです。

元気に毎日を送りたいなら、まず自分を肯定すること。これはよい意見ですね、東田くん。みんな自分を責めるから病気になっちゃうんだよな。もっとがんばらなくちゃ、逃げてちゃダメだ、甘えてちゃダメだ……って感じで自分を狭いところに追い込んでしまう。他人を責める病人もいるにはいますが、それだって自分のダメな部分を無意識に相手に投影しているのであって、結局は自分自身を責めているのと変わりないのです。

それから、「自分らしさは心地いい芝生」というのも、なかなかステキな表現。これもやっぱり東田くんのセルフイメージがよいから出てくる言葉だと思います。

障害の受容の可否は人生を左右しないと東田くんはいいますが、自閉症であることは東田くん自身と切り離せないわけだから、そこはやはり関門だったでしょう。自閉症を受容できたのは自己肯定感を持てたからで、それができたのは家族が「ふつう」だったから、というのが東田くんの見解でしたよね。

さらに、「自分らしさなんて、そんなにたいそうなもんじゃないよ」という主張にも、私は大いに共感します。自分らしさはたしかに大事だけど、ムキになって追い求めるようなものでもない。そもそも、自分自身が思っている自分と他人が見ている自分は、違ってて当たり前ですからね。なにが「らしい」かなんて、誰が決めるんでしょう。

「どうした！　オマエらしくないぞ！」「やだ、アナタらしくないわ！」なんて豪快に励まされても、それはあなたの持っているオマエやアナタのイメージにすぎなくて、本来のワタシはですね……なんて言いたくもなるわけです。

どっちが正解ってこともないでしょうが、こういう時、軸足が自分の方にないと、他人に押しつけられた「自分らしさ」に惑わされて、よくわからないことになってしまいます。逆に、自分の思う方の自分を疑わなければ、「ワタシらしさ？　どうぞみなさんで決めてください」ぐらいの態度でいられるんじゃないでしょうか。

蓑虫みたいに姿を見られないよう息を殺し、風に吹かれ続ける

前回の山登先生のお話から、自分で自分を責めすぎて病気になり、精神科に通院されている方も、たくさんいらっしゃることがわかりました。

攻撃されて自分を守るのは、動物としての本能だと思いますが、自分で自分を許せない感情は、どこから生まれてくるのでしょう。

生きづらさを抱えている人間が、自分の居場所を、この社会で見つけるのは本当に大変です。だから、つらすぎる出来事があれば、僕は自分の中に隠れます。

蓑虫（みのむし）みたいに姿を見られないよう息を殺し、風に吹かれ続けるのです。

そんな時、僕の目に映るのは、点のような空だけです。蓑の中の僕を誰かに覗（のぞ）かれないか、びくびくしながら、ただ、時間が過ぎるのを待ちます。外の気配が暖かくなれば、僕は蓑から顔を出します。以前と変わらない景色を確認

し、そろそろと、もといた場所に帰っていくのです。

自分を責める人も、何とかして自分の心を守れるようになれば、少しは楽に生きることができるのではないでしょうか。

人は、強くありたいと願います。なぜなら、強くなければいけないと思い込んでいるからです。それもまた、動物としての本能なのでしょう。昨日よりも今日、今日よりも明日、よりよい自分でいたいのです。そのためには、強くない自分を叱咤激励し、前に前にと進んでいかなければなりませんが、中には自分を追い込んでしまう人もいます。

僕にとっての自分は「勝手なことばかりする、どうしようもない奴」です。僕の気持ちなど、いつも無視して謝ってもくれません。けれども、僕はそんな自分を見捨てられないのです。

それは、僕以上に僕を心配してくれる人たちの存在のおかげです。自分さえも面倒見きれない僕の世話を焼き、寄り添ってくれる人たちがいるから、僕も弱い自分を引き受けられるようになった気がします。

他人を責めることも、自分を責めることも、どちらも感情の爆発なのだと思います。

蓑虫みたいに姿を見られないよう
息を殺し、風に吹かれ続ける

虫になった東田くんが風に吹かれて揺れている姿を想像してみました。カワイイけどちょっと切ないな、カワせつない……なんて思っているうちに、連想が「蓑」から「繭」へとつながりました。

今世紀のはじめ、「精神分裂病」という病名が現在の「統合失調症」に改称される頃の話です。この時、学会が新しい病名を一般公募して、そこにいろいろユニークな名前が集まったんですが、そのなかに「糸つむぎまゆはき症候群」というのがありました。

この名前を応募してきた人は、きっと病気の当事者だと思います。病気を経験してないとわからないリアリティが感じられるし、医療関係者にこんな大胆かつユーモラスな病名は思いつきませんから。

この場合の「繭」は、東田くんのいう蓑虫の「蓑」と一緒ですね。東田くんがつらい目にあったとき自分の中に隠れるように、統合失調症の人もそうします。ただ、そのとき隠れるのが蓑ではなく繭だとしたら、どうでしょう。

蚕の繭は蓑虫の蓑と違って窓がない。したがって、空も見えない。壁も天井も真っ白ですから、中にいても、昼か夜かがわかる程度でしょう。出入りだって自由になりません。蓑の方がどこか余裕を感じます。

これは、自閉症より統合失調症の方が、よりしっかり隠れないと身を守れないということなのか、それだけ現実から受けるダメージが大きいということなのか……。まあ、同じ病気でも人によっていろいろですから、ひとくくりにしたらまずいでしょうけど。

自閉症の命名の由来は、かつて統合失調症の主症状とされていた「自閉」にあります。それがよくなかったという意見もあるけれど、私は両者には共通する感覚があると感じています。

たぶん、統合失調症では、自閉症で発達が滞る神経回路と似たような部分がうまく働かなくなるのではないでしょうか。ただ、自閉症と違って統合失調症は思春期以降、人生の途中から病気が始まる。この違いはつらい現実への対処の仕方にも影響を及ぼすかもしれません。それが蓑と繭の違いを生むのかな。どうでしょう？

前回でもお話ししましたが、つらすぎる現実から逃げようとする僕は、まるで蓑虫が、蓑の中に隠れているみたいです。蓑の中は、決して美しくはありません。どうしてこんな所にいるのだろうと思われるような場所に、僕は一人で身をひそめているのです。

自分は繭の中にいるみたいだと感じている統合失調症の人の気持ちも、何となくわかります。繭の中にいられさえすれば安心で、出口など必要ないと感じるほど、外の世界が恐ろしいのではないでしょうか。自閉症者は先天的な脳の機能障害といわれていますが、山登先生がおっしゃったように、統合失調症は人生の途中から病気が始まります。

両者とも生きづらさを抱えています。しかし、繭を吐き続ける思いは、葉や枝を集める気持ちとは少し違うような気もするのです。

自閉症の僕は、蓑をどのような大きさにしようとか、形について悩んでいるわけではありません。とにかく、自分が隠れる場所があればいいのです。そして時々は、蓑から顔を出し、周りの景色を観察します。

統合失調症のように繭の中に隠れている人の中には、自分が病気だということを信じられない人もいると思います。

誰も自分の苦しさをわかってくれないなら、人の意見など聞かない方がましです。生き続けるために真っ白な繭を吐き、糸をつむぐことで、自分が信じられる偽りのない世界を作り上げなければなりません。外の世界との隔離こそ、安全で安心な居心地のいい場所なのです。

普通の人とは見えているものや聞こえている音が違うから、異常なのでしょうか。

それによって、日常生活に支障があれば、何らかの対処をしなければなりませんが、僕はすべてを問題視しなくてもいいと考えています。

科学や芸術における進歩は、凡人には想像もつかない発想から生まれることも多いです。一歩先を行く人たちの中に変わり者がいるのは、よく知られている話ではないでしょうか。

自閉症の発達過程は、「共世界へのためらいがちな参入」

医者になりたての頃、研修先の病院にいた年配の精神科医に、統合失調症という病の本質は「共世界からの退行」だと教わったことがあります。「共世界」というのは、私たちが共に生きるこの社会のことでしょう。そこから身を退いて、みずからの世界に閉じこもってしまう。それが統合失調症の「自閉」です。また、「退行」とは、精神の発達において現在の段階から何段階か前に戻ることをいいますから、そういうニュアンスも含まれていたのかもしれません。

この例に倣うと、自閉症の発達の過程は「共世界へのためらいがちな参入」とでもいえましょうか。

何度も引き合いに出して申し訳ありませんが、東田くんは小さな子どもの頃、自分が人に生まれたのが信じられなかったと言ってましたよね。当時は、いわば「共世界」

の外にいたといえるかもしれない。

人に生まれた以上は、人の世界で生きるしかない。そう決心したものの、その世界は東田くんにとって不安と困難に満ちていた。だから、「蓑（みの）」という防御スーツが必要だった。東田くんはときに蓑に身を隠しつつ、風に吹かれながら、新しい世界におずおずと足を踏み入れた。

このように、「共世界」を想定した時、退くか入るかで統合失調症と自閉症では方向が逆ですね。そして、繭と蓑はともにわが身を守る道具であっても、前者はシェルター、後者は適応のために必要なツールということになりませんか。

こうしてみると、一言で「自閉」と言い表しているけれど、そこには病気の一症状では片づけられない多様な意味があるということがわかります。

そういえば、やはり私が医者になりたての頃、精神科の治療に「自閉の利用」を説いた偉い先生がいましたっけ。そういう精神科医も当時からちゃんといたのですが、多くの精神科病院は繭を暗い繭棚にしまうようなことばかりを繰り返していました。

人の心ほど、繊細で複雑なものはないと思う

精神科の治療は、内科や外科とは少し違うのではないでしょうか。

一般に医師は、病気を治すものだと考えられています。身体の不調は自覚症状だけではなく、検査結果やレントゲンからも客観的に診断することができます。一方、心の不調は、本人からの訴えや周りからの観察によって、その状態が普通ではないと診断されてしまうのだと思います。

患者さんの状態を見ながら、精神科の先生は薬を処方したり、生活上のアドバイスをされたりするのでしょう。治療というより、改善を目指すことが大きな役割になっているような気がします。

精神科の病気に、みんながかかるわけではありません。

心も病気になるというとらえ方をするようになり、人は昔に比べて、楽に生きるこ

とができるようになったのでしょうか。

人の心ほど、繊細で複雑なものはないと思うのです。

自分で自分のことがわからないのは、みんな同じです。それなのに、病院に行かなければならないほど追いつめられている人にとって、精神科での治療は、藁にもすがる思いの選択でしょう。

僕は小さかった頃、病院に行きさえすれば、先生が僕の障害を治してくれると信じていました。病院に行っても、障害は治らないと知った時の気持ちは、ひと言では言い表せません。

心は、水面に似ていると思います。

池に小さな小石を投げるだけで、次々と波紋が広がっていくみたいに、何かが引き金となり、傷つくことや落ち込むことがあります。時間が経てば見た目は落ち着きますが、底には石がたまり、水も少しずつ汚れてしまっています。何とか元のきれいな水になるための力を貸してくれる、それが精神科の先生のお仕事だと思うのです。

この往復書簡で、山登先生といろいろなお話をさせていただく中で、僕たちはみんな自分探しの旅をしているのではないかと思うようになりました。

「精神科医の先生のお仕事」が、そんなふうに思われているとしたら、なんとも面はゆいですね。東田くんのように綺麗なイメージをもっていただけるとうれしいですが、精神科、あるいは精神科医に、どこか胡散臭さを感じてしまう人も少なくないと思います。

確かに、精神科という科は、内科や外科と比べると少しどころかかなり違います。患者さんを診察して、病気がなにか診断して、薬を出して……と、やっていることは似ていますが、なにしろ肝心の病気に実体がありませんからね。

ここでいう「実体」とは、身体に病変、病気の出所がはっきり見つからないという意味です。大がかりな検査をしても、それで診断がつくような病気は、精神科にはほとんどない。最近は、脳科学や科学技術の進歩とともに、さまざまな方法が研究、開発されているようですが、まだ一般の臨床に普及する段階にありません。医者が患者さんにデータを見せて、こういう結果が出ましたから○○病ですね、といえるような病気はないのです。

そこで、精神科では、患者さんの訴えをよく聞き、それまでの経過を知り、いまどんな症状があるかを調べて、それらが病気として一つのまとまりを持っていると判断された場合に、○○病と診断します。この時、○○病とするか××病とするかは、長い精神医学の歴史を経てできあがった診断学によっていますが、これは言ってみれば、精神科医どうしの申し合わせのようなものです。

こういう曖昧さが、精神科のもつ胡散臭さにつながっているのではないでしょうか。とはいえ、そもそも、人間の精神自体が東田くんの言うように「繊細で複雑」なのですから、そこに実体を求めるというのも無理な注文かもしれません。

私自身は、脳科学がいくら進歩したところで、人間の精神の繊細さや複雑さは解明しきれるものではないと思っています。そして、科学的方法論に頼るだけでは、精神科の病気は治せないとも考えています。特に根拠はありませんが、これは私の医学生の頃からの確信です。

繊細で複雑な人間の心を元の状態に戻そうとするのは、難しい治療だと思います。なぜなら、人の心は変わるものだからです。どうなれば、いつもの自分なのか、治ったと自覚できるのか、わからないのが普通ではないでしょうか。

日々、人間は変化し続けます。そのため、治療前と同じ状態になったとしても、それはスタート時点に戻ったのと同じです。本来であれば、いろいろな経験をしながら、少しずつ新しい自分に到達していたはずです。周りからすれば、その人の病気は治っているみたいに見えるのに、本人だけが、まだまだ完治していないと感じる差には、このような理由もあるのではないかと思います。

人間は、どんな時も不安と闘っています。平和や調和こそ、安全で安心できる世界だと信じているのかもしれません。

自閉症者の内面も、同じような気がします。

僕は、自分の心を守るために、毎日右往左往しているだけなのです。それを滑稽だとか、奇妙だと感じる人もいるでしょう。僕は、みんなに迷惑をかけたいわけではなく、心穏やかに生きたいと願っています。

今回で往復書簡は、いったん終わります。

僕のつたない質問にも、丁寧にお返事くださった山登先生には、とても感謝しています。僕がこの往復書簡を通して学んだことは、人生の正解は、ひとつではないということです。

自閉症という障害は、まだ謎に包まれていますが、原因を解明するための研究は、少しずつ進んでいるのだと思います。現在の医療の理解を超えた脳の仕組みがあることも、やがて明らかになってくるのではないでしょうか。

僕は、自閉症者が進化した人間だと信じたいと言ったことがありますが、多様な価値観こそ、僕が社会に求めているものです。

これまで、山登先生との連載を楽しみにしてくださったみなさま、どうもありがとうございました。

ゆく河の流れは絶えずして、しかももとの水にあらず。『方丈記』の作者、鴨長明（かものちょうめい）は、人や住み家が時とともにどんどん変わっていってしまう様子をこう喩（たと）えたわけですが、人の心や人間関係についても似たようなことが言えると思います。

精神科の治療は、もちろん、患者さんに心身の健康を取り戻してもらうことを目標にしています。しかし、それが心の状態を元に戻すのかといえば、そうとは限りません。病気になったのは、そもそも何か無理をしていたからであって、それがその人の思い込みや勘違いにもとづくものだったら、その考えの方を直してもらう必要があります。

患者さんが、病気を通してそれまでの自分の生き方を振り返り、自分の本当の気持ちに気づけたら、それだけで病気が治ることだってあります。その時、その人の心は、病気の前とは違ったものになっているでしょう。まさに「新しい自分に到達」した状態です。それを「成長」と呼んでもいいでしょう。

さて、東田くんとの往復書簡も今回でおしまいです。この二年と少しの間、二週に一度、東田くんと便りを交換しながら考えたり感じたりしたことは、私の仕事や生活にさまざまなかたちで影響を与えたと思います。

たとえば、自分の患者さんには、この人は東田くんみたいな人かもしれないぞ、と考えながら向き合う。わかってないように見えて、本当は全部わかってるのかもしれないぞ、と。

また、たとえば、東田くんの真似をして風の音に耳を澄ます。仕事の帰り道、橋の上から川の流れを見る。夜空に月を仰ぎ見る。小さな変化だけど、こういうことが私の「成長」につながるものならば、それは東田くんのおかげです。どうもありがとう。

それから、どうだろう東田くん、ボクたちはちょっとは友達になれたかな？　でも、二人の「友達」観が同じものとは限らないよね。だから、そう、次に似たような機会があるならば、私の質問はここから始めましょう。

「東田くん、友達ってなんだろう？」

対談

僕は笑ってもらえると、うれしい。悲しんだりされるとつらい。

二〇一三年八月四日、ビッグイシュー十周年記念企画として「希望を語る――自閉症、その内面の世界」と題する講演が行われました。東田直樹が「自閉症の内面の世界」について、山登敬之は「発達障害から発達マイノリティへ」について講演。その後に行われた対談のハイライト部分を掲載します。（敬称略／編集部）

山登　東田くん、夏は好きですか？

東田　僕にとって夏は坂道を転がるような感じのイメージです。それは環境の変化に身体がうまくついていかないからです。おわり。（東田さんは会話の末尾で、「おわり」と言う）

山登　坂道を転がるような感じというのは、東田くんにとってはいい気持ち？　それとも困っちゃう感じなんでしょうか？

東田　困るという感じですが、夏は好きです。おわり。

山登　東田くんのエッセイなんかによると、四季折々の変化を身体でまるごと感じているように思うんですが？

東田　そうですね。僕は季節を身体全体で感じています。まるで原始人のようだと自分でも思っています。おわり。

山登　人間も生き物ですから、みんなそういう感覚をもって生まれてきたんだと思うんだけど、なぜ東田くんにはずっとその感覚が残っていて、僕らはその感覚がすぐ鈍くなっちゃうのだと思いますか？

東田　（前後の話と関係なく）私は鉄道で働いてきたのさ！

会場　（笑）

東田　それは逆だと思います。僕たちは、みんなが忘れてしまったことを受け継いでいるのです。人類は進化しても、忘れてはいけないことがあると思います。自閉症の中にそんな文化が残されているのではないでしょうか。おわり。

山登　本当は人類が忘れてはいけない生き物としての感覚、東田くんが雲や風が友達というような、風のなかに自分の身体が分子になって溶け込んじゃうみたいな感覚って、きっと子どもの頃はみんながもっていると思うんだけど、それがあまりに早いうちになくなっちゃう。子どもたちがちゃんと覚えていてくれるようにするにはどうしたらいいと思いますか？

東田　忘れてはいけないのは、子どもではなくて大人のほうです。みんなは、子ども時代は純粋で何もかもが素晴らしいと思い込んでいます。でも、本当は大人になってからも素晴らしいはずです。原始の感覚はみんなの記憶の奥に眠っているはずです。おわり。

山登　むしろ、大人が原始の感覚を取り戻すなり磨くなりすればいいと……

（ここで、東田さんが席を離れて走っていく）

東田くんの講演を聞きに行ったことがあるんですけれど、東田くんは大事な話をしながら、こういうふうに話の途中で別のことを言ったり歌ったりする。それをみんな神妙な顔をして聞いているのがおかしくてですね……。

会場　（笑）

山登　でも、やっぱり笑っちゃいけないかなあと思って、後からメールで「笑っちゃったんだけど、笑っちゃまずいかな？」と聞いたことがあるんですよね。そしたら東田くんは「みんなに笑ってもらえると、自分が芸人になったみたいでうれしい」と。

会場　（笑）

山登　東田くん、今日はどうですか？

（東田さん、何かが気になっている様子……やがて、席に戻ってくる）

東田　そうです。僕は笑ってもらったほうが、気が楽になります。僕は行動のコントロールができませんが、それは仕方ない面もあるのです。だからその行動を悲しんだり、怒ったりされるとつらいです。おわり。

山登　東田くんにそう言ってもらえて、みなさんも少し安心されたかと思います。思わず笑いがもれちゃうっていうのは好意的な視線だと思うんですよね。そういうことはきっと東田くんにも伝わっているんじゃないかと。診察に来られる自閉症の人たちを見ていると、お話はそんなにできないんだけど、つい微笑ましくて笑っちゃう時があります。それは患者さんに失礼かなと、東田くんに聞いたら「それは相手によります」と言われた。

会場　（笑）

山登　それから、僕もちょっと注意するようになったんだけど（笑）。では、質問コーナーに移りたいと思います。

会場①　山登先生の講演の中に、「発達マイノリティ」という呼び方の提案がありました、その発達マイノリティや自閉症などが世間一般にどれだけ認知されているのか、そのことを認知しても何か差別のようなものが生まれる心配があるんですけれども。

山登　「発達マイノリティ」というのは、セクシュアル・マイノリティからヒントを得て僕が勝手につくった言葉なんで、世間では認知されていません。できるできないの違いだけで「障害」とするのはまずいから、多い少ないの数の問題として考えたらどうかと提言したつもりです。自閉症自体は三十年前よりははるかに認知されてきたと思うし、ひきこもりと、内気な人と、自閉症の区別がつかない時代はさすがにもう終わったんじゃないかと思います。

マイノリティの人が、マジョリティから差別されてしまうことはあるかもしれません。でも、それは病気や障害に限った話ではないですよね。

東田　僕は差別というのはいつの時代もあったと思います。差別を怖がるより、前向きに発信していくことが大切だと思ってます。おわり。

会場　（拍手）

会場②　東田さんに質問です。心休まる音楽はあるんでしょうか？

東田　僕はよくカラオケに行きます。好きな曲はたくさんあって一つに絞れません。歌は人の心を癒やし、苦しい時にも心の支えになってくれます。おわり。

会場③　東田さん、恋はしたことありますか？　もう一つは同じ自閉症者同士、何か私たちがわからないコミュニケーションとか通じ合う方法があれば教えていただきたいと思っています。

東田　僕は恋をしたことはまだありません。その恋というものと人間愛がどういうふうに違うのか知りたいです。それから話せない自閉症者同士で、テレパシーなどは存在しないと僕は思っています。おわり。

会場　（拍手）

コラム

発達障害から、「発達マイノリティ」へ

山登敬之

私が『ビッグイシュー日本版』誌のインタビューを受けて発達障害の話をしたのは、百九十号(二〇一二年五月一日刊)の「特集・生きる風景」のページでのことでした。表紙に東田直樹さんと宮本亜門(みやもとあもん)さんのツーショットが使われている号です。あれからそろそろ三年が経ちます。

あのとき私は、発達障害に換わる言葉として「非定型発達」という名称を紹介しました。そして、肝心の発達障害については、「脳の発達の仕方が平均から大きくずれているために、その年齢ならできてしかるべきことが、上手にできない」と説明しています。

ご存じのように、発達障害で重要なのは次の四つです。自閉症スペクトラム、

ADHD（注意欠如多動性障害）、学習障害、知的障害です。それぞれの障害の特徴によって、何が「上手にできない」かが違ってきます。

たとえば、自閉症スペクトラムでは、①人の心の動きがよくわからないので、人間関係が上手につくれず、集団になじめない。②独自のこだわりを持ち、変化を嫌うため、新しい環境に適応したり急な出来事に対処したりすることが上手にできない、ということになります。

説明の仕方としては、これはこれで間違いじゃないでしょうが、今の私にはどうもしっくりこなくなってしまいました。上手にできないかもしれないが、まるっきりできないわけじゃない。上手にはできないが、その人なりにできるようになる。つまり、発達障害とはいえ発達するのだ……などとフォローしたところで同じことです。だって、できない側に立ってみれば、できるできないで選別されて「障害」と診断されるのも、できる人間から「上手にできなくてもいいんだよ」と言われるのも、きっとおもしろくないはず。「非定型」なんて言われたら、「定型」の方がスタンダードなの？　そっちがお手本？　みたいに思うかもしれません。

精神科の病気を考える時、何かの拍子に脳の働きがうまいこといかなくなり、「いつもと違う」状態になっているなら、これは「病気」として受け入れやすい。しかし、上手にできないから、みんなと違うからといって病気や障害にされたのでは、当事者としては納得できないでしょう。その人にとってみれば、それが「いつもと同じ」状態なのですから。

以前から私は、発達障害やパーソナリティ障害といった考え方に、このような違和感を覚えてはいましたが、それは、東田さんと誌上で公開往復書簡を始めてから、ますます強くなっていきました。

東田さんとのやりとりを通じて、私はこの「違和感」をなんとか解消したいと考えるようになりました。なぜなら、当事者の抱く「できない」側や「違う」側に置かれることの悔しさ、無念さが、私の想像する以上に大きなものだと知ったからです。

そこで思いついたのが「発達マイノリティ」という言葉です。このことは連載の早い時期に書きましたし、『ビッグイシュー』十周年記念イベントの東田さんとの対談でも発表させてもらいました。要するに、単純に数が多いか少ないかの話にしたらどうか、という提案です。

いわゆる「発達障害」の人たちは、発達においてマイノリティ（少数派）である。この「発達マイノリティ」は生物学的に（発達の仕方に）特徴がある。ところが、世の中はマジョリティ仕様にできている。だから、発達マイノリティは、社会的に不便をこうむるし不自由も感じる。

さらに、マイノリティの人たちは社会的に区別されるのを嫌う。人道的に考えて、マジョリティはマイノリティに対して親切であるべきである。すなわち、マイノリティの人たちには配慮（思いやり、社会的サービス）が必要である。

……と、このように考えると、胸のつかえがとれる気がします。もちろん、これは医学的概念ではありませんが、それとも矛盾しないことは、右に述べた理屈でわかっていただけるでしょう。

これからもまた、東田さんと手紙をやりとりしながら、このアイディアを生かす道を考えていきたいと思います。

東田直樹さんに聞くAtoZ

東田直樹さんに日頃聞きたかった26の問いに答えていただきました。

生きるのがつらい時、どこかに出口があるとは考えず、じっと立ち止まってください。そして、昨日と同じ一日を過ごしてください。

A

普段、ご家族との会話はどのようにされていますか？　けんかをすることはありますか？　それはどんな時ですか？

家族とは、文字盤ポインティングや手のひらに文字を書く指筆談で会話しています。僕は、よく使う単語は口でも言えますが、状況に合った言葉を言うのが大変なので、まるで原始人みたいに「あーあー」という声だけ出して、自分の意志を伝えることもあります。

僕が混乱して大騒ぎすることはあっても、家族とけんかすることはありません。けんかというのは、お互いに譲らないために起こってしまうものです。人を変えるのは難しいと思っているので、相手の性格も考え、僕は自分の中で解決策を見いだそうとします。

けんかにならないのは、僕が一番もめない答えを選ぶからでしょう。

B

睡眠中に夢を見るほうですか?
最近見た夢でおもしろかったものはありますか?

夢は時々見ます。最近見たおもしろい夢は、僕がどこか知らない町で、子犬の散歩をしている夢です。走り出した子犬に引っ張られながらついていくと、そこは大きなお屋敷で、犬のかっこうをした僕の母が玄関から出てきて「直ちゃん、お帰り」と、うれしそうに子犬を抱きしめるのです。母と子犬がお屋敷に入って行ったので、僕は庭のすみに置いてある犬小屋に入って行きました。

C

朝起きたらまず何をしますか？
朝ごはんのメニューは？　食べ物に好き嫌いはありますか？

僕は、平日は六時、土日は七時に起きます。その時刻、家族はまだ寝ているので、僕はリビングの椅子に座ってぼーっとしています。鳥のさえずりを聞いたり、時計の秒針の動きをながめたりしながら、ただ、時間が過ぎるのを待つのです。特に何か考えごとをしているわけではありませんが、僕は朝一番に、こんな贅沢な時間の使い方をしています。六時半になったら洗濯機を回したり、お茶碗を拭いたり、朝の仕事を始めます。

朝食は、トーストとお味噌汁とおかずです。うにやいくら、茶碗蒸し、コーヒー、お酒などは苦手ですが、たいていのものは食べられます。好きな物は、唐揚げやハンバーグ、ポテトなどで、もりもり食べます。

D

カラオケによく行かれるそうですが、歌を歌うのは話すより楽なのですか？
歌っている時はどんな気持ちになりますか？

カラオケは、童謡からアニメ番組、Ｊポップまで、いろいろ歌います。歌っている時は、歌詞の主人公になったような気分になり楽しいです。

話すより歌う方が楽です。歌にはリズムがあるからだと思います。
僕は音読もうまくできません。文章が長くなればなるほど混乱します。どんどん読み進めたいのに、単語や文章の正しいイントネーションが気になり、何度も同じ所を読んでしまい、「終わり」がとても先のことのように感じペースを乱し、いらいらします。

E

好きなスポーツはありますか？
また、好きな野球の球団はどこですか？

今は、特に好きなスポーツや野球の球団はありませんが、陸上選手が走っている時の規則正しい足の動きは、とても美しいので見入ってしまいます。スポーツの勝敗も、あまり気になりません。

F

詩集『ありがとうは僕の耳にこだまする』の中に、
好きな人を詠った詩がありますね。今好きな人はおられますか？

特にいません。恋愛は僕にとって未知のものであり謎だらけです。

G 「記憶は線ではなく点のようなもの」（『風になる』）とおっしゃっていますが、東田さんにとって「日々いろんなことを経験する」ことは、白いキャンバスにいろいろな点が次々と増えていくような感じなのでしょうか？

そうではありません。経験したことが、次々に空の星になっていくような感じです。白いキャンバスというのは面の世界だと思いますが、僕の記憶は、手を伸ばせばすぐに届きそうなものから、数億光年先の彼方にあるようなものまで、さまざまです。

H 東田さんにとって、「成長する」というのはどういう意味で、どういう状態だと思われますか？

成長とは、自分が思い描いている理想の自分に近づくことだと思っています。山の頂上にたどり着くのに、いろいろなルートが存在するように、成長していないと感じる期間も、実はゴールするために必要な時間だったという場合も、あるのではないでしょうか。

今の自分が成長しているかどうかは、誰にもわからないと思います。過去を振り返って、自分が判断すればいいことなので、他の人の評価は気にしません。もし、今の状況が、昔より悪くなっていたとしても、未来の自分に必要な時間だったととらえる。

僕にとって、そんな都合のいい言葉です。

I

生きるのがつらい時、どうしたらいいでしょうか？

どこかに出口があるとは考えず、じっと立ち止まってください。そして、昨日と同じ一日を過ごしてください。つらい気持ちと向き合おうとしなくても、人は生きていけます。あなたが悪いわけではないのです。人は与えられた環境の中で、精いっぱい生きなければならない動物です。たとえ、自分の精いっぱいが他の人と違っても、恥ずかしいことではありません。

J

私は、ビッグイシューの販売を始めて今年五月で四年目、今は新生活を始めています。自立できたのは、東田さんの『風になる』のおかげで、言葉にならないほど感謝しています。ストレスがある時は『風になる』をよく読みます。東田さん、落ち込んだ時はどうやって乗り越えていますか？

自立されたのですね、本当によかったです。

僕が落ち込んだ時は、失敗したことをできるだけ忘れるように努力しています。記憶としては残りますが、終わったことは、どうしようもないことなので、落ち込む自分まで、その思い出に加えないよう、失敗してもすぐに立ち直れる姿をイメージします。結果として逆境に打ち勝ったいい思い出となるなら、どんな失敗も乗り越えられます。

K「障害者はけっして不幸ではないと思っていますが、幸せになるには自分なりの価値観を持つことが重要です」（『跳びはねる思考』）とありますが、私はつい他の人がうらやましくなってしまいます。どうしたら、ぶれない自分の価値観を持ち続け、人と自分を比べずに生きていけると思いますか？

うらやましいという感情は、持っていてもいいと思います。うらやましいと思う感情があるから、人は向上するのではないでしょうか。人と自分を比べて悲しくなるのは、人間だからです。僕は、そういう感情も否定しません。

ぶれてもいいのではないでしょうか。人は変わって当たり前です。むしろ、変わるべきだと思います。時代や、取り巻く状況や出会う人によって、新しい自分に脱皮していけばいいのです。

人は、人の中でしか生きていけません。人と自分を比べながら、自分の幸せに気づくことが大切です。

L

近しい人の最期を看取り、「自分の人生の終え方」についてより具体的に考えるようになりました。東田さんは「人生の最期」について、どのような考えをお持ちですか?

この問題に答えるには、僕はあまりに若すぎると思います。人生の最期について考えながら生きていくことは、今の僕には難しすぎます。

M

障害者に対して、どのように接するのがいいのでしょうか? 対等に接しようと思いすぎること自体が、対等ではないのではないかと思ってしまうことがあります。

僕も同感です。その人の苦しみは、その人にしかわかりません。それは、どんな人も同じだと思います。寄り添おうとする気持ちが強すぎても、当事者は負担に感じたり、気が重くなったりするものです。援助者は「自分だったら」と相手を自分に置き換えて考えるだけでなく、行為そのものが、援助者の自己満足でしかなかったり、的外れだったりしているかもしれないと、いつも想像することが大事だと思っています。

誰に対しても自然体でいられる人は、少ないのではないでしょうか。

N もし「自閉症」という言葉の代わりをつくるとしたら、どんな言葉がいいですか？

自閉症という言葉を変えた方がいいという方々のご意見も、よくわかりますが、僕はやはり、今まで通り「自閉症」でいいと思っています。障害名を変えるには、膨大なエネルギーが必要です。それなら、そのエネルギーを自閉症者が生きやすい社会をつくることに、使うべきだと考えているからです。

O 「自立する」とはどんなことだと思いますか？

経済的にも社会的にも、自分が世の中の一員であるという自覚が持てることです。

P 東田さんと同い年です。東田さんの目には同世代の若者がどのように映っていますか？

僕は、同世代だからという理由だけで、人に関心を持つことはありません。若い人たちが何を考えているかは、あまり問題ではないでしょう。いつの時代も、年配者は若者が理解できないと嘆いています。僕も含め、若い人たちの現在の姿は、この社会が生み出したものです。若者が、世の中の人々の目に、どのように映っているか、僕も知りたいです。

Q

考えることや、好きな物、信じるものはみんなそれぞれに違います。考え方の違う世界の人が仲よく暮らすにはどうしたらいいと思いますか？

仲よくしようと思わないことです。お互いの文化や存在を認め合い、尊敬することができれば、それでいいのではないでしょうか。仲よくしようと考えるから、自分のことを理解してもらいたいと期待するし、相手のことを必要以上に知ろうとします。元々、宗教や生活様式が違うのですから、そうなると意見の押しつけ合いになります。あるがままに共存することが重要です。

R

悲しいことですが、ずるい考え方の人や誰かを傷つける人もいます。でもそんな人も生まれた時は優しかったのかもしれません。そんな人たちが元の優しい心に戻るためには何が必要だと思いますか？

生まれた時から優しい人などいないと思います。すべて生まれた時から学んだことです。そうなりたいと本人が望まなければ、優しい心の持ち主には、なれないのではないでしょうか。その人も自分にとって大切な人には、優しいのかもしれません。

僕たちにできることは、だまされた人や傷ついた人たちに手を差し伸べることです。

S 戦争についても詩を書かれていますね。今の社会について、そしてこれからどんな社会になってほしいと思われますか？

誰もが戦争は止めてほしいと願っているはずです。戦いで解決することなど何もありません。勝ち負けが決まるだけです。みんな、それを知っているのに、戦争が終わらないのは、なぜなのか僕も考え続けていくつもりです。

T 直樹さんは今でも、風になったり日の光に溶け込んだり花や木の声を聞いたりしますか？　私も風になれますか？

残念ながら、僕は昔ほど、自然と一体化することはできなくなりました。それが寂しいかと聞かれれば「寂しい」と答えるでしょう。しかし、僕は人間である自分のことも好きになったので、これでよかったのだと思います。人は、風にはなれません。

けれども、風の声を聴くことはできます。

U

「僕にとっては人間が魅力的な存在ではない」とおっしゃっていますが、人間以外のものに生まれ変われるとしたら、それは何ですか？

なりたいものが多すぎて迷いますが、今は猫です。明確な理由はありませんが、猫なら僕はもう少し、自由でいられるような気がします。

V

東田さんにとって「神様」とはどんな存在ですか？

僕は特定の宗教を信じているわけではありませんが、神様とは、言葉で表現することができないくらい偉大な存在だと認識しています。

W

普段はどんな本を読んでおられますか？　また、東田さんにとって「出合えてよかったなぁ」と思うような作家や作品（本、美術、音楽など）は、ありますか？

普段自分で読む本は、小さい時から読み慣れている絵本です。僕が影響を受けた作家は、宮沢賢治さんです。『銀河鉄道の夜』は、母が音読してくれた中でも、一番感動した物語でした。

X 東田さんにとって「言葉」はどんな存在ですか？　また、好きな言葉があれば、教えてください。

僕にとって言葉は、僕と人とを結びつけてくれる懸け橋のようなものです。見かけの言動で僕の内面を理解してもらうことは不可能だからです。こだわっている文字は、ひらがなの「の」。書く時に〝くりん〟と回すところが、かわいいからです。好きな言葉は「希望」です。

Y 二〇一四年、米国から招かれて講演に行かれましたね。どんなことが一番印象に残っているのでしょうか？　また、ほかに行ってみたい国や場所はありますか？

一番印象に残っているのは、日本より自閉症の理解が進んでいたことです。美術館などでも自閉症だと伝えれば、警備の人も無理やり他の人と同じ規則を守らせようとせず、まずは、笑顔で見守ってくださったことには、本当に感謝しています。おかげで僕は、大きなパニックを起こすことなく、旅を続けることができました。機会があれば、ヨーロッパにも行ってみたいです。

Z 最後に、作家の東田さんにご質問です。詩、エッセイ、童話、絵本など、さまざまな作品を書かれていますが、それぞれ書く時の気持ちや思いは違いますか？ また、どうやって、無駄のない水が流れるような、「やさしく深く」伝わる文章が書けるようになったのですか？ どんな工夫や努力をされているのでしょうか？

執筆する時の思いは、どれも同じです。僕の文章が多くの人に読んでいただけることを祈っています。読んでくださる方になんらかの影響を与えられれば、作家としてうれしいです。

書く時に注意しているのは、説明しすぎないということです。それから、自分にしか書けない作品を書くことです。この二つは、簡単なようで、とても難しい課題だと思っています。

一つの文章から、読者のみなさまにいろいろなことをイメージしてもらえるのが、僕の理想です。おわり。

おわりに

東田直樹

障害者としての僕は、できないことだらけで、手助けをしてもらわなければ、生きていくことが難しいのが現実です。

それは、確かに大変な毎日かもしれませんが、僕の心は、いつも自由に鳥のように大空を羽ばたいています。

医師である山登先生との往復書簡を通し、僕が改めて感じたのは、自閉症という障害の謎です。

自閉症とは一体、どのような障害なのでしょう。僕は、なぜ普通の人みたいに振る舞えないのでしょう。どれだけ悲しい思いをしても、どんなにつらい毎日を送っても、僕が自閉症であることは変わりません。

自分は、この世でたった一人だと感じたことはありませんか。

恐ろしいほどの孤独にさいなまれた時、人は本当の意味で、自分と向き合うことになります。心のすべてを自分に語るのです。

今回、山登先生へのお返事を書くたび、僕は自閉症である自分の気持ちに問い続けてきました。そして、意見を交換させていただく中で、新たな気づきを得ることができ、自分の置かれている立場を再認識しました。このような会話は、きっと、診察室でなされることはないでしょう。なぜなら、医師が患者にする質問は、何に困っているのか、どのような薬を必要としているかなど、生きづらさを解消するためのものだからです。

山登先生は、医師としてだけでなく、人として感じている自閉症に対する疑問を、僕になげかけてくれました。

思いが通じた時、人は自分が生きている意味が、少しわかったような気になるのではないでしょうか。今日という日を、明るい気持ちで過ごせるのだと思います。

寂しい一日を送らなければいけないあなたの手に、この本が届きますように。

特別対談

みんな大変さを抱えて生きている

――文庫化記念、五年ぶりの再会

二〇一八年十一月二十九日、約五年ぶりとなる対談が実現。お互いの近況から発達障害をめぐる昨今の状況についてなど、幅広い話題が飛び交いました。（司会・構成／編集部）

――久しぶりに再会された印象はいかがですか。

東田 先生はまったくお変わりなく、お元気そうで良かったです。おわり。

山登 ありがとうございます。東田くん、めがねを変えましたか？

東田 するどいです。おわり。

山登 僕も前はこのめがねじゃなかったんだ。老眼がどんどん進みましてね（笑）。二年おきに作りかえる始末です。

東田　お仕事はお忙しいのですか。おわり。

山登　東田くんと前に会った時からそんなに変わっていないです。特別仕事は増えていません。東田くんは毎日、執筆活動をしているんですか。次の本の予定とかは？

東田　（この本を）文庫化することと、今は僕のブログを毎日更新しています。先生のお仕事についてお聞きしても良いですか。おわり。

山登　仕事というのは？

東田　外来の患者さんの疾患の割合は、最近変わってきたのでしょうか。大人の発達障害が増えてきたと言われて、それなりに時間が経ちました。「あしたごみすていく！」（頭に浮かんだ言葉が、東田さんの口から飛び出したようだ）。

山登　東田くんのご指摘の通り、大人の発達障害――大人になってから実は発達障害があったと分かった方々が、メディアで紹介されたりして広く知られるようになりましたね。そういう人たちも確かに十年前に比べると増えましたが、それなりに時間も経ちましたので、ひと頃よりは落ち着いたと思います。町の精神科クリニックはだいたいがうつの患者さんで成り立っていると言われますが、そういうところなんです。

――うつが一番多いのですか。

山登　そうですね、うつ病と不安障害関連ですね。でも僕のところは他所に比べると子どもと発達障害の方の割合が多いかと思います。実は発達障害をテーマに一冊書いてくれと頼まれていて、予定ではとっくに出ているはずなんですが、もう二年ぐらい経ってしまった。世の中のムーブメントが段々「障害」ではなく「特性」なんだという方向に来ているので、発達障害はこういうものですという説明もぶれてきてしまって。もう少し違う角度から話さないとならないな、と考えているうちに月日は過ぎ……。まあ、単になまけているだけという話もあるんですが（笑）。でも今日こうして東田くんに会えたので、ひとつ弾みをつけて書こうと思います。

東田　すごく興味深いです。世界は、自閉症や発達障害の概念に関して先生が表現を変えようと思われるくらい、少しずつ変化しているのですね。それはなぜだと思われますか。

山登　それは東田直樹の本が世界中でベストセラーになったからでしょう！（笑）。やっぱり当事者の人たちの発言が大きいと思うんですよね。言葉の使える自閉症の人たちが積極的に発言してくれたことによって、今までの医療モデルでは十分でないこと、できないところや皆と違うところを数え上げるだけでは本質に迫れないことが、段々分かってきたからではないでしょうか。特に知覚過敏（感覚飽和）のある方たちの、脳に情報があふれ返って処理しきれないために、決断や行動に時間がかかったり的外れになったりしてしまうという説は、近年注目されています。東田くんとは最初に「原始の感覚」の話をしましたが、生の世界の感じ方、受け取め方が、発達障害と呼ばれる人たちとそうでない人たちとの違いだと思いませんか。本書の中でも何度かやり取りをしましたが……。

（と、ここで東田さんが急に立ち上がり、山登さんに向かって言う）

東田　助けてください！　お願いします！

山登　はい、何をでしょうか。何を助けましょうか。

東田　○○学園！（○○学園は東田さんが小学生の時、行ったことのある自閉症児施設）

山登　いわゆるフラッシュバックですか？　急に頭に思い浮かぶの？

東田　○○学園は、急に出てきたというより、先生を目の前にしていて、僕の頭の中で、精神科というカテゴリーで結びつき、口から単語が出てしまいました。

――助けてください、は何だったのでしょう？

東田　○○に行っていた頃、困った時には人に「助けて」が言えるようになったほうがいい、と教えられました。おわり。

山登　じゃあ連想で出てきた言葉で、今ぼくが助けなくても良いわけですね（笑）。

東田　でも当時のぼくは「助けて」が言えなくて、気持ちが苦しかったのです。今なら言えると思ったら、この言葉がぼくの口から出てきました。

山登　なるほど。確かに小さい子どもは助けてと言葉にできなくても、泣いたり怒ったりして感情を出せば周りの大人が助けてくれるよね。東田くんの場合は伝わりにくかったということなんでしょうか。それとも恥ずかしくて、あるいは別のことが邪魔をして、なかなか「助けて」と言えなかった？

東田　言わなくても良いと思っていたわけではなく、話せなかったので言えなかったのです。だから言えない自分を責めていました。

山登　それは何歳ぐらいまでの話ですか？

東田　今も同じです。僕は、文字盤やパソコンがなければ、自分の思いを引き出せません。それでも、少しずつは、文字盤やパソコンを使わなくても、みんなのように思った言葉が話せるようになりました。小さい頃言えなかった言葉が自分の口から自然と出る。その言葉のひとつずつがぼくの心のリハビリになっています。おわり。「うさぎ、かわいい！」（最近は、〇〇かわいいが、東田さんの口からよく出る言葉らしい）

山登　東田くんは書き言葉が先行なんですね。「うさぎかわいい」と文字で書けても、口で言うことはできなかった。

東田　辛い記憶というのは、人のなぐさめや励ましで癒されることはないと思います。

山登　というと、やはり本人が話すこと、言葉にすることで、少しずつ癒されていくんでしょうか。東田くんのリハビリのように、人から聞く言葉ではなく、自分が言葉を発していくことで少しずつ軽くなっていく？

東田　自分の心は自分にしか癒せないのです。

山登　それにしても東田くんの声を聞いてくれる人がいたほうがいいんじゃない？東田くんはお月様も友達だから、お月様に向かってしゃべっても癒されるのかな。

東田　僕の場合は、誰かに向かって思ったことをそのまま言えるということが、心のリハビリになっているのだと思います。

山登　それは本当に大事なことで、トラウマ治療みたいなものですよね。辛いことは早く忘れましょうと励ましたところで治らない。辛い記憶を自分の言葉で、何度も何度も語らないと良くなっていかない。ＰＴＳＤ（心的外傷後ストレス障害）の治療でもそういう方法が取られています。最近はオープンダイアローグといって、「対話」で心の傷を癒すという方法も出てきています。大勢の人たちが集まって話し、たくさんの声が響きあうなかで、新しい価値や解決の方法が生まれてくるという……まさに東田くんが言うように、「声」にすることと、それを聞くことで癒しの道を探るやり方と言えるかもしれません。

——東田さんが十三歳の時に執筆した『自閉症の僕が跳びはねる理由』は今も多くの方に読まれて共感を呼んでいます。二十六歳になった東田さんにとって、過去の文章が今これだけ読まれていることをどう感じていますか。大人になったな、何か変わったなという意識はあるのでしょうか。

東田 ありますが、時系列で説明できないので、余計に大変です。人の気持ちや考えが変わることは分かっていても、作品はその時のぼくの気持ちを表しています。作家として自分の書いたものに責任をもちながら、今の自分の考えを書くことは大変なことだと、最近思うようになりました。

山登 東田くんは自分の書いたものを覚えているんですか？　それとも自分で読み直したりするんですか。僕なんかは意外に覚えているほうなんですが。

東田 （自分の書いたものを）忘れるというより、眠っているという感じです。言われたら書いた思いごと文章が浮かんできます。

——山登さんはいかがですか。自分で書いた意見が変わったとき、困ったことなどはありますか。

山登　もちろんあります。それはもう泣きたくなりますよ（笑）。元を正せば自分の考えが浅かったわけですから、いやになりますよね。

——ところで、先ほどもお話がありましたが、近年、発達障害が広く知られるようになったことで、障害についての考え方自体は変わってきているのでしょうか。

山登　医療モデルの限界が明らかになり、変わらざるを得ない状況になっていますね。当事者の方たちが自分が本当に困っているのはこういうことなんだ、と主張できる時代になった。たとえば、「想像力の障害」、「コミュニケーションの障害」なんてマジョリティ側の一方的な見方じゃないですか。失礼な言い草ですよ。自閉症の人たちの身体や脳の違いが生きづらさとして現れている、そういう視点で考え直すべきだと思います。

——そういった理解が実際広がっていると感じますか？　当事者と精神科医としてのご意見をそれぞれお聞かせください。

山登　東田くんが最初から言っているように、同じ「障害」であっても一人ひとり違うんだと世間でも盛んに言われてはいるものの、やっぱり「発達障害だから」という決めつけと言いますか、マジョリティ側の理屈に基づいたやり方を押しつけてしまうことが多い。そう出られると当事者の人たちは絶対に反発します。「一人ひとり違う」

と言葉で言うのは簡単ですが、それが本当に分かるまでは大変です。「みんな違ってみんないい」は結構だけど、「みんな違って大変だ」（平田オリザ）って認識も必要でしょう。「みんな違ってみんないい」はそれほど簡単なことじゃない。「みんな」の間には互いに深い溝があること、その溝を埋める努力が重要なことを忘れてはいけない気がするんです。

東田　理解が広がっても支援が広がるとは限らないので、僕自身の生活はそれほど変わりはないです。一人ひとりが違う悩みを持っているなら、対応もそれぞれなのに、そこだけ画一化しようとするから無理が出てくるのではないでしょうか。おわり。

山登　支援される側は一人ひとり違うはずなのだから、そのニーズに合わせて支援がもっと違っていいというのは、東田くんがずっと言っていることですが、現実はまだ追いついていないですね。もちろん支援のサービスはありますし、皆さんも積極的に探して利用されているわけですが、実際相談に行ってはみたものの……という話もうかがいます。もちろん地域差もありますが。本当は近所の助け合いみたいな、身近な知り合いが助けてくれるというのが一番いいんだろうけど、残念ながらそういう共同体はとっくに解体していますから、お金をかけてでも社会的なサービスを充実させていかないといけません。

――最後になりますが、今お互いに期待されること、これからの社会に期待することなどありましたら教えてください。

山登　もちろん東田くんにはどんどん新作を書いていただいて（笑）。東田くんが作家デビューした時期に前後して、当事者の人たちが世界中で一斉に発言し始めたというのはすごく面白いことだと思います。インターネットやさまざまなコミュニケーションツールが出てきた影響もあるのでしょうが、何か動くべくして動いている感じがしますよね。既存のモデルにとらわれず、個人のニーズに合った医療、福祉、教育のサービスを提供できるようになれば、それこそ本当に価値のある支援が生まれるんじゃないかと思います。

東田　「当事者」という言葉が消えることが、僕の願いです。「当事者」は普通の人が障害のある人につけた呼び方ではないでしょうか。障害のある人だけでなく、世の中の人みんながそれぞれに大変さを抱えて生きています。誰が障害者かではなく、その人自身が自分のことを自分で語れば、それで良いと思います。おわり。

――とても充実した対談になりました。本日はどうもありがとうございました！

本書は二〇一六年一月にビッグイシュー日本より刊行された『社会の中で居場所をつくる　自閉症の僕が生きていく風景（対話編・往復書簡）』を改題し、加筆修正のうえ文庫化したものです。

東田くん、どう思う？

自閉症者と精神科医の往復書簡

東田直樹　山登敬之

平成31年 2月25日　初版発行
令和7年 2月5日　4版発行

発行者●山下直久

発行●株式会社KADOKAWA
〒102-8177　東京都千代田区富士見2-13-3
電話　0570-002-301（ナビダイヤル）

角川文庫 21437

印刷所●株式会社KADOKAWA
製本所●株式会社KADOKAWA

表紙画●和田三造

ISBN 978-4-04-106516-7　C0195

角川文庫発刊に際して

角川源義

第二次世界大戦の敗北は、軍事力の敗北であった以上に、私たちの若い文化力の敗退であった。私たちの文化が戦争に対して如何に無力であり、単なるあだ花に過ぎなかったかを、私たちは身を以て体験し痛感した。西洋近代文化の摂取にとって、明治以後八十年の歳月は決して短かすぎたとは言えない。にもかかわらず、近代文化の伝統を確立し、自由な批判と柔軟な良識に富む文化層として自らを形成することに私たちは失敗して来た。そしてこれは、各層への文化の普及滲透を任務とする出版人の責任でもあった。

一九四五年以来、私たちは再び振出しに戻り、第一歩から踏み出すことを余儀なくされた。これは大きな不幸ではあるが、反面、これまでの混沌・未熟・歪曲の中にあった我が国の文化に秩序と確たる基礎を齎らすためには絶好の機会でもある。角川書店は、このような祖国の文化的危機にあたり、微力をも顧みず再建の礎石たるべき抱負と決意とをもって出発したが、ここに創立以来の念願を果すべく角川文庫を発刊する。これまで刊行されたあらゆる全集叢書文庫類の長所と短所とを検討し、古今東西の不朽の典籍を、良心的編集のもとに、廉価に、そして書架にふさわしい美本として、多くのひとびとに提供しようとする。しかし私たちは徒らに百科全書的な知識のジレッタントを作ることを目的とせず、あくまで祖国の文化に秩序と再建への道を示し、この文庫を角川書店の栄ある事業として、今後永久に継続発展せしめ、学芸と教養との殿堂として大成せんことを期したい。多くの読書子の愛情ある忠言と支持とによって、この希望と抱負とを完遂せしめられんことを願う。

一九四九年五月三日